mini版

英会話の9割は中学英語で通用する

デイビッド・セイン
David A. Thayne

アスコム

はじめに

もっと簡単に英会話が上達したい！

そのために、たくさん勉強しなければ
ならないけれど、
忙しくてなかなか勉強する時間がない。
何とか、できるだけ手間をかけずに、
英会話が上達する方法はないのか…。
そんな思いに駆られている人は、
少なくないのではないでしょうか。

"英会話の勉強"と聞くと
身構えてしまう人も多いでしょう。
ところが、ネイティブも
日常シーンでは"中学英語"レベルの、
ごく簡単なパターンを使って
話しているのです。

みなさんは、中学、高校で英語を学んできました。
「日常会話で必要な基本パターン」は
すでにみなさんご存知で、

日常会話の9割はこれでクリアしています。
あとはそれを適切な場面で、使いこなすだけ。

**わざわざ勉強しなくても、
中学レベルの英語を
使いこなせばいいのです！**

でも、何の努力もしないで
外国語をマスターしたいなんて、
虫がよすぎる…、そう思うかもしれません。
要は、要領よく学習しようということなのです。

要領よくって言っても、じゃあどうやって？
ここで、ひとつ例をあげて説明しましょう。

Come on.　さぁ、行こう！

誰もがご存知のフレーズです。
「さあ、行こう」「急いで」と相手を急かしたり、
「お願いだよ」と懇願したり、
「いい加減にしろよ」と
非難するときのひとことです。

さあ、ここからです。

このフレーズに、短い一語を「付け足す」だけで、
これだけの応用が可能になります。

⇒ **Come on over.**　うちに遊びにおいでよ。
⇒ **Come on by.**　うちに寄ってくださいね。
⇒ **Come on in.**　どうぞ入って。

いかがですか？
ネイティブも、こうやって英語を覚え、
表現のバリエーションを増やしているのです。

**本書で紹介するたった
76の「基本フレーズ」を
押さえるだけ。
これで9割の英会話は、
ばっちりです！**

日常会話をスムーズに進めるために必要な
基礎単語とフレーズで、
さまざまな応用が可能な
とても使いでのある表現です。
とにかく簡単なフレーズばかりですので、
まずはこれを覚えてください。

「基本フレーズ」の意味や使い方を
しっかりと理解したら、次は「付け足し」です。
「基本フレーズ」に別の単語やフレーズを
ほんの少し付け足すだけで、
何通りもの内容を一気に
表現できるようになりますよ。
これが、日常会話の9割をクリアする方法なのです。

最後に、ひとつでもパターンを覚えたら、
実際の場面ですぐに実践しましょう。
英語は勉強ではありません。
コミュニケーションを楽しむためのツールです。
たくさん使って「道具」を生かしていきましょう。

本書は、短い時間で
効果的に英語を覚えたいと思っている、
そんなみなさんのために作りました。
さあ、自信をもって
最初の一歩を踏み出しましょう。

Take the first step!

David Thayne

目次

はじめに 002

PART 1
文法にこだわっちゃダメ！

- 001 Are you all right? 大丈夫ですか？ 010
- 002 Are you interested? 興味はありますか？ 012
- 003 Be careful. 気をつけて。 014
- 004 Can I? してもいい？ 016
- 005 Can you? やってくれる？ 018
- 006 Could you? してもらえますか？ 020
- 007 Do you know? 知ってる？ 022
- 008 Do you remember? 覚えてますか？ 024
- 009 How are you? 元気ですか？ 026
- 010 How many? いくつ？ 028
- 011 I can. できます。 030
- 012 I could. 頼まれればできます。 032
- 013 I don't know. わかりません。 034
- 014 I hope. そうだといいね。 036
- 015 I know. わかります。 038
- 016 I might. そうするかもしれません。 040
- 017 I remember. 覚えています。 042
- 018 I should have. そうすればよかった。 044
- 019 I wish. そうならいいけど。 046
- 020 I wonder. どうでしょう。 048
- 021 I wouldn't. 私ならそんなことしません。 050
- 022 I'd like to. そうしたいです。 052
- 023 I'll see. 調べてみるよ。 054
- 024 I'm afraid. 怖いです。 056
- 025 I'm glad. うれしいです。 058
- 026 I'm going. 出掛けてきます。 060
- 027 I'm sorry. ごめんなさい。 062
- 028 I'm trying. 努力はしてます。 064
- 029 Just try. とにかくやってみなさい。 066
- 030 Keep it. 捨てないで。 068
- 031 Let me. 私にやらせて。 070
- 032 Take it. 持っていって。 072
- 033 Tell me. 言って。 074
- 034 Thanks. ありがとう。 076
- 035 What else? 他には？ 078
- 036 What's wrong? どうしたの？ 080
- 037 Would you? してもらえますか？ 082
- 038 You can. あなたならできます。 084
- 039 You know. わかってるでしょ。 086

040	**You should.** そうするべきです。	088
041	**Don't bother.** 悪いからいいですよ。	090

PART2

丁寧な英語よりもフレンドリーな英語を話そう！

042	**I used to.** 前はそうだった。	094
043	**I forgot.** 忘れました。	096
044	**I have to.** やらなきゃならない。	098
045	**I see.** なるほど。	100
046	**I tried.** やってみました。	101
047	**I agree.** 賛成です。	102
048	**You're right.** その通り。	103
049	**I want to.** そうしたい。	104
050	**I'd like you to.** あなたにそうしてもらいたい。	106
051	**I'll tell you.** （強調して）まったく。	107
052	**It's okay.** 大丈夫です。	108
053	**Please don't.** やめてください。	109
054	**I'm ready.** 準備できました。	110
055	**I'm sure.** 確信してます。	112
056	**I'm thinking.** 考えてます。	114
057	**I'm tired.** 疲れました。	116

058	**It sure is.** 本当にそうですね。	118
059	**It's great.** 素晴らしいです。	119
060	**It's all right.** 大丈夫です。	120
061	**Let's go.** さあ行こう。	122
062	**Let's talk.** 話しましょう。	124
063	**That's all.** それで全部です。	125
064	**What can I do?** 何かしましょうか？	126
065	**What do you think?** どう思う？	128
066	**What do you want?** 何が希望なの？	130
067	**Who are you?** 誰だ？	132
068	**Who knows?** さあどうだかね。	133
069	**Why don't you?** そうすれば？	134
070	**How can I?** どうやって？	136
071	**How do you know?** どうして知ってるの？	138
072	**Nobody knows.** さあどうでしょう。	139
073	**No wonder.** 当たり前よ。	140
074	**Do you mind?** いいですか？	142
075	**Excuse me.** 失礼します。	144
076	**Come on.** さあ行こう。	145

INDEX 146

PART1
文法に
こだわっちゃ
ダメ！

英語を話すときには、文法にあまりこだわらないようにしましょう。文法的に正しい英語を話すことよりも、言いたいことが相手に伝わることのほうがずっと大切。頭の中でいちいち単語をならべながら話していたら、言いたいことの半分も伝えられなくなってしまいます。それどころか、文法的に正しい文を話すことを優先してしまったがために、言いたいことを正しく伝えられず、思わぬ誤解を招いてしまうことすらあるのです。

　文法にはあまりこだわらず、堅苦しい文法書は閉じて、TPOに応じたさまざまなフレーズを丸暗記でもいいから覚えてしまいましょう。知っているフレーズの数が増えるにしたがって、自然と文法力もついてきます。

001 相手の無事を確かめることば

Are you all right?
大丈夫ですか？

Are you all right? は相手の無事を確かめることばで、日本語の「大丈夫ですか？」のニュアンスです。例えば、前を歩いていて転んでしまった人にこう言えば「大丈夫ですか？」「平気？」といったニュアンスになります。また、道に迷っている外国人にこう言えば、「お困りじゃないですか？」と気遣うひとことにも。

これに似た表現に **You are all right.** というのがありますが、これは「あなたは本当にいいやつだね」と相手を誉める表現です。

付け足く 1
Are you all right ⊕ with this?
これでいいかな？

社員の夏休みの日程を調整しました。社員一人ひとりに予定表を見せて、これでいいか確認します。

付け足く 2
Are you all right ⊕ on Monday?
月曜は大丈夫？

友人を花見に誘ったけれど、スケジュールがなかなか合いません。土日もだめと言われて「じゃ、月曜日は？」。

3

Are you all right + with her?
彼女とはうまくいってるの？

友人夫婦は喧嘩ばかり。奥さんと仲良くやっているのか旦那さんに尋ねて…。

4

Are you all right + now?
（体調は）回復しましたか？

病気で入院していた友人から電話がありました。もう治ったのか聞いてみます。

5

Are you all right + alone?
一人で大丈夫？

友人から電話がかかってきて、恋人と別れたと言って泣いています。心配になってひとこと。

6

Are you all right + here?
ここでやっていけそう？

入社したての新人社員がとても不安そう。彼を気遣ってひとこと。

002 興味があるか確かめることば

Are you interested?
興味はありますか？

Are you interested? は、相手が話題にのぼっている物事に興味を持っているか確かめるときに使われるフレーズで、日本語の「興味ありますか？」「やってみたいですか？」といったニュアンスです。Are you interested in...? とすると「〜に興味はありますか？」と、より具体的に尋ねるフレーズになります。興味があるなら Yes, I am.（はい、あります）、興味がないなら I don't think so.（別にありません）や Not right now.（今はいいです）といった答え方が一般的。No, I'm not.（まったく興味ない）はちょっと強すぎ。

付け足く 1

Are you interested + in going?
行きたい？

街にサーカスがやって来ました。宣伝のポスターを興味深げにながめている友人に。

付け足く 2

Are you interested + in rock climbing?
ロッククライミングに興味あるの？

友人の家で見つけたロッククライミングの雑誌。友人の意外な趣味に驚いて、尋ねてみることに。

付け足く 3

Are you interested ✚ in politics?
政治に関心があるの？

友人がテレビで国会中継を真剣に観ています。そんな姿を見て、ひとこと…。

付け足く 4

Are you interested ✚ in him?
彼に興味があるの？

彼氏募集中の友人が、ある男の子のことをジロジロ見ています。きっと彼に興味があるのね。

付け足く 5

Are you interested ✚ in joining us?
私たちと一緒に来ない？

仲間とキャンプに行くことになりました。そこで、別の友人も誘ってみることに…。

付け足く 6

Are you interested ✚ or not?
やるの、やらないの？

ボウリングに行こうと友人を誘っても、はっきりした返事が返ってきません。イライラしながらひとこと。

003 忠告・注意することば

Be careful.
気をつけて。

Be careful. は相手に何かを忠告するときに使うフレーズです。これだけで使えば「気をつけてね」「注意してね」といったニュアンスになります。**Be careful not to...**（〜しないように気をつけて）、**Be careful to...**（〜するように注意して；〜を忘れないようにして）、**Be careful with...**（〜［人］には気をつけて）といったバリエーションをしっかりと覚えましょう。

Be careful + not to hurt yourself.
怪我しないように気をつけて。
友人が危なっかしい手つきで野菜を刻んでいます。見ていられなくなってひとこと忠告。

Be careful + not to tell him anything.
彼には何も言わないように。
友人の誕生日にサプライズパーティーを開く計画を立てています。本人にはそのことを絶対に知られないようにと仲間に忠告します。

3 Be careful ✚ not to fall.
転ばないように気をつけて。

公園で子供が走り回っています。転んでケガをしないように、ひとこと注意しておきましょう。

4 Be careful ✚ to turn off the light.
電気を消すようにしてね。

エネルギー資源は無限にあるわけではありません。家族に電気を節約するように呼びかけて…。

5 Be careful ✚ to lock up.
戸締まりを忘れないように。

近所の家が空巣の被害に遭いました。空巣に狙われないように、戸締まりをきちんとするよう家族に注意します。

6 Be careful ✚ with him.
彼には気をつけて。

友人が付き合っている連中にはよくない噂が…。友人が危ないことに巻き込まれないように警告しておくことに。

004 許可を求めることば

Can I?
してもいい?

Can I? は相手に許可を求めるときに使われるフレーズで、日本語だと「してもいい?」のようなニュアンスになります。どちらかというとカジュアルでフレンドリーな尋ね方なので、親しい間柄での使用が適していますが、欧米諸国ではビジネスシーンでもフレンドリーな言葉づかいが好まれるので、あまり気にする必要はないでしょう。これよりも丁寧な言い方が **May I?** になります。**Can I?** を基本にして、許可を求めるときに使えるいろいろなフレーズを作ってみましょう。

付け足く 1

Can I + help you?
手伝っていい?

今日は友人の家にお呼ばれです。一人でせっせとディナーの準備をしている友人を手伝おうと声を掛けて…。

付け足く 2

Can I + try?
やってみていい?

友人が新しいテレビゲームに夢中になっています。自分もやってみたいなあ。

付け足く 3

Can I + leave early?
今日は早く帰っていい?

同僚が遅くまで残業しています。手伝いたいのはやまやまですが、今日はデートの予定が入っています。　*leave 去る、出る

付け足く 4

Can I + do anything?
何か手伝えることない?

同僚がたくさん仕事を抱えて困っています。そういうときは、救いの手をさしのべてくださいね。

付け足く 5

Can I + have some?
ちょっともらっていい?

焼きたてのクッキーがとてもおいしそう。ひとつ私も味見してみたいなあ。　*have 食べる、飲む

付け足く 6

Can I + be first?
最初にやっていい?

待望のテレビゲーム機が家に届きました。みんな早くやりたくてウズウズしています。　*be first 一番目になる

005 都合を尋ねる・頼みごとをすることば

Can you?
やってくれる？

Can you? は「やってくれる？」「お願いしちゃっていい？」といったニュアンスです。家族や友人など親しい間柄での使用が適しています。Can you...? とすると「〜してくれる？」「〜できる？」と、より具体的に相手の都合を尋ねたり、頼みごとをするときのフレーズになります。これよりもやや丁寧な言い方をしたい場合は Could you? を使います。

付け足く 1

Can you ⊕ come tomorrow?
明日は来られる？

仕事を休みたいと同僚から電話が入りました。明日は来られるのか確認することに…。

付け足く 2

Can you ⊕ give me some help?
ちょっと手伝ってくれる？

机を運びたいのですが、重くて一人ではできません。そこで同僚に手伝ってもらうことに…。

付け足く 3

Can you ⊕ have a look?
ちょっと見てくれる?

パソコンの調子が悪くて困っています。そこで、友人に原因を突き止めてもらうことにしました。　＊ have a look 見る、調べる

付け足く 4

Can you ⊕ think about it?
ちょっと考えておいてくれる?

海外旅行に行こうと友人を誘ったけど、相手はちょっと迷っているようです。ひとまず考えておいてもらいましょう。

付け足く 5

Can you ⊕ do this on your own?
自分でやってくれる?

同僚が仕事を押し付けようとしています。うんざりしてひとこと。
＊ on one's own 自分で、独力で

付け足く 6

Can you ⊕ do me a favor?
ちょっと頼んでいい?

友人が買い物に出掛けるようです。ついでにお使いを頼もうと呼び止めて…。　＊ favor 願い、頼みごと

006 頼みごとをすることば

Could you?
してもらえますか？

Could you? は相手の都合を確かめたり、頼みごとをするときに使われるフレーズで、日本語の「してもらっていいですか？」「お願いできますか？」といったニュアンスです。**I'll go shopping for you.**（君の代わりに買い物に行ってあげるよ）**Oh, could you?**（あら、そうしてもらえる？）といった具合に使います。さほどかしこまった言い方ではありませんが、**Can you?** よりもやや丁寧な言い方なので、ビジネスシーンなどさまざまなシチュエーションで使えます。

付け足く 1

Could you + give it a try?
とりあえずやってみてもらえる？

部下に仕事の指示を出したが、部下は自信なさそう。それでもとにかくやってもらうことに…。　＊ give it a try ためしにやってみる

付け足く 2

Could you + open the door, please?
ドアを開けてもらえる？

荷物を両手に抱えて帰宅しました。中にいるルームメイトに声を掛けてドアを開けてもらいましょう。

3 付け足く

Could you ✚ check?
調べてくれる？

お客さんに届くはずの小包が届いていません。部下を呼んで、急いで調べさせることに…。

4 付け足く

Could you ✚ take care of this?
これを頼める？

仕事がたまって一人では処理しきれません。部下に手伝ってくれるか聞いてみましょう。　＊ take care of（仕事などを）処理する

5 付け足く

Could you ✚ ask him for me?
私の代わりに彼に聞いてくれる？

大好きな彼をパーティーに誘いたいけど、恥ずかしくて言い出せません。そこで友人にお願いしました。　＊ for ～の代わりに

6 付け足く

Could you ✚ do it again?
もう1回してくれる？

友人の手品にびっくり。もう1回見せてほしい。

007 知っているか尋ねることば

Do you know?
知ってる？

Do you know? は「知ってる？」という意味のフレーズです。例えば **I forgot his name. Do you know?**（彼の名前忘れちゃった。知ってる？）といった具合に使います。**Do you know where...is?**（〜はどこか知ってますか？）のように、5W1H（where, when, what, who, why, how）を使った文との組み合わせによってさまざまな疑問文が作れます。5W1Hがしっかりと使いこなせるようになると、会話の幅がグッと広がります。

付け足く 1

Do you know ⊕ where my wallet is?
財布がどこにあるか知ってる？

お財布がどこかにいってしまいました。友人に財布を見なかったか尋ねて…。

付け足く 2

Do you know ⊕ what time it is?
時間わかりますか？

今日は腕時計を忘れてきたので時間が気になります。そこで、通りすがりの人に尋ねることに…。

Do you know ✚ who did it?
誰がやったか知ってる?

大切な花瓶が割れているのを見つけてびっくり。誰の仕業か突き止めようとひとこと。

Do you know ✚ how to do this?
どうやるか知ってる?

新しいパソコンソフトの使い方がよくわかりません。パソコンに詳しい友人を呼んでひとこと。

Do you know ✚ when?
いつか知ってる?

大好きなムービースターが近々来日するらしいけれど、いつなのか知りません。そこで、友人にひとこと。

Do you know ✚ why he is mad?
彼がどうして怒ってるのかわかる?

友人が何やらプンプン怒っています。別の友人にこっそり理由を尋ねてみます。　＊mad 怒る

008 相手の記憶を確かめることば

Do you remember?
覚えてますか？

Do you remember? は「覚えてますか？」のニュアンスで、相手の記憶を確かめるひとことです。例えば We met at the park last week. Do you remember?（先週公園で会ったでしょ。覚えてる？）といった具合に使います。Do you remember...? とすれば「〜を覚えてますか？」と、より具体的に尋ねるひとことに。また、5W1H（who, when, where, what, why, how）との組み合わせで、フレーズのバリエーションは無限に広がります。

付け足く 1

Do you remember + his name?
彼の名前を覚えてる？

デパートで買い物していると、あちらから見覚えのある顔が歩いて来ます。「誰だっけ？」友人に尋ねてみましょう。

付け足く 2

Do you remember + when we first met?
私たちが初めて会った日のこと覚えてる？

今日は彼とデートです。大好きな彼が初めて二人が会った日のことを覚えているか聞いてみることに…。

3

Do you remember ✚ how much it was?
いくらだったか覚えてる？

友人に借りていたお金を返すことに。でも金額が思い出せません。「いくらだったっけ？」

4

Do you remember ✚ who?
誰だったか覚えてる？

帰宅すると自分あてに電話があったと聞かされました。誰からだったのか気になってひとこと。

5

Do you remember ✚ what she said?
彼女は何て言ってた？

席を外している間に、彼女から電話があったようです。気になって同僚に尋ねてみることに…。

6

Do you remember ✚ where you put it?
どこに置いたか覚えてる？

会社のみんなで使っている辞書がいつもの場所にありません。最後に使った人に聞いてみましょう。

009 あいさつのことば

How are you?
元気ですか？

How are you? は日本語の「元気ですか？」のニュアンスで、日常的によく使われるあいさつのことばです。同意表現には **How's it going?** や **How are you doing?** などがありますが、こちらは「やあ元気？」「調子どう？」といったラフなニュアンス。また、理由や方法を相手に尋ねるときにもこの表現が使えます。例えば、**How are you going to...?** とすると「どのように〜するのですか？」、**How are you so...?** とすると「どうしてそんなに〜なのですか？」の意味になります。

How are you ⊕ doing?
元気？

ずっと会っていなかった友人と道端でばったり。うれしくなって声を掛けます。

How are you ⊕ going to go?
何で行くつもりですか？

友人が温泉旅行に行くらしい。車で行くのかな？ それとも電車？

3
How are you ✚ feeling?
気分はどう？

病気で会社を休んでいた同僚が出社して来ました。相手を気遣ってひとこと。

4
How are you ✚ so sure?
どうしてそんなに確信してるの？

同僚が昇進するといって喜んでいます。まだ辞令も出ていないのに、なぜそんなに喜べるのだろう…。　＊sure 確信して

5
How are you ✚ going to do it?
どうやるつもりなの？

今日中に仕上げなければならない仕事が山ほどたまっています。同僚は、心配ないとは言ってるけど、どうするつもりなんだろう？

6
How are you ✚ with her?
彼女とはうまくいってるの？

彼女と喧嘩ばかりしている友人。彼女とうまくいっているのか心配です。　＊How are you with...? ～とはうまくいっているの？

010 個数を尋ねることば

How many?
いくつ？

How many? は相手に個数を尋ねるフレーズです。例えば、お客さんにコーヒーを出しながら "How many?" と言えば「砂糖はおいくつ？」のニュアンスになり、八百屋でタマネギを買おうとしているお客さんに向って "How many?" と言えば「いくつ必要ですか？」のニュアンスになります。

付け足く 1

How many ⊕ in your party?
何名様ですか？

友人数人とレストランへお食事に。店に入ると案内係が人数を尋ねてきました。　＊ party 一行、一団

付け足く 2

How many ⊕ would you like?
いくつにしますか？

ディナーパーティーで友人のためにフライドチキンを取り分けてあげることに。　＊ How many? を丁寧にした言い方。

How many ➕ are there?
いくつあるの？

友人がケーキを買ってきてくれました。箱を開けると、ケーキがたくさん入っています。それを見てひとこと。

How many ➕ do you need?
いくついるの？

原稿を留めるクリップをいくつか分けてもらえないか同僚に頼んでみました。すると彼がひとこと。

How many ➕ years have you lived here?
ここには何年住んでますか？

偶然知り合ったアメリカ人は日本語がペラペラでびっくり。何年、日本に住んでいるんだろう？

How many ➕ times have you been to Japan?
日本には何回行きましたか？

ハワイ旅行中に知り合ったアメリカ人。日本にも何度か行ったことがあるらしい。　＊ How many times...? 〜は何回ですか？

011 自分にその能力があると伝えることば

I can.
できます。

I can. は「私ならできます」「私がやります」といったニュアンスのフレーズで、自分にその能力があることを相手に知らせるひとことです。**Can anyone help me move tomorrow?**（誰か明日の引越しを手伝ってくれないかしら？）**I can.**（僕がやってあげるよ）といった具合に使います。
I can... とすれば「私は〜できます」のより具体的なひとことになります。いくつかバリエーションを見てみましょう。

付け足く 1

I can ⊕ help you.
僕が手伝うよ。

同僚がプレゼンの準備にてんてこまいしています。助けてあげようとひとこと。

付け足く 2

I can ⊕ imagine!
想像つくわ！

友人がバーゲンセールから帰ってきました。疲れきった表情で「すごい混雑だった」と語る彼女にひとこと。　＊imagine 想像する

3 I can ⊕ do that.
私ならできますよ。

友人がコンピュータを接続できずに困っています。コンピュータには詳しいので助けてあげることに…。

4 I can ⊕ do better.
僕の方が上手だな。

カラオケ大会に出場。緊張していたけど、前の人が歌っているのを聞いて自信がでました。そこでひとこと。

5 I can ⊕ do it by myself.
一人でできます。

いつもおせっかいな友人。今日も横から口出ししてきます。今日こそはひとこと言ってやろう。　＊by myself 独力で、自分で

6 I can ⊕ handle it.
私なら大丈夫ですよ。

仕事がたまってしまいましたが、何とか一人でこなせそうです。手助けを申し出る同僚にひとこと。　＊handle 処理する

012 しぶしぶ引き受けるときのことば

I could.
頼まれればできます。

I could. は「頼まれればできます」「やれと言われればできます」といったニュアンスで使われる表現です。例えば、**Can anyone make a wedding cake?**（誰かウエディングケーキを作れる？）**I could.**（作ってって言われればできるけど）といった具合。また、**I could have ＋（過去分詞）**で、「〜できたはずだったのに」と過ぎたことを悔やむひとことになります。**I couldn't...** とすると「〜できませんでした」「〜するのは無理だったよ」といった、予定していたことや頼まれていたことなどができなかったことを伝えるひとことになります。

付け足く 1

I could ＋ if I wanted to.
そうしようと思えばできるんだけどね。

仕事はきついばかりで安月給。でも情が移って離れがたい。友人に「どうして転職しないの？」と尋ねられてひとこと。

付け足く 2

I could ＋ have done better.
もっと上手くできていたはずなのに。

大切なプレゼンで大失敗。いつもの実力が出せなかったことを悔やんでひとこと。

3

I could ✚ give you some advice.
よかったら相談に乗るわよ。

友人が彼氏と喧嘩したといって落ち込んでいます。相談に乗ってほしいか聞いてみましょう。

4

I couldn't ✚ help it.
我慢しきれなかったんだよ。

おいしそうな料理をつまみ食いしているところを見つかってしまいました。そこでひとこと　＊help 避ける、〜しないようにする

5

I couldn't ✚ finish on time.
間に合いませんでした。

任された仕事を納期までに終わらせられませんでした。肩を落として上司に報告します。　＊on time 時間どおりに、間に合って

6

I couldn't ✚ get to sleep.
眠れなかったんだ。

一睡もできずに目の下にクマを作って学校へ。その顔を見て「どうしたの？」と尋ねる友人に…。　＊get to sleep 寝つく

013 知らないことを伝えることば

I don't know.
わかりません。

I don't know. は「わかりません」「知りません」といった意味のフレーズで、困惑した口調で言えば日本語の「さあ」「どうだろう」に似たニュアンスになります。また、冷たくつっぱねるように言えば「さあね」「わかんない」といったニュアンスに。

似た表現に、**I have no idea.** というのがあります。これも「わかりません」という意味ですが、「見当もつきません」「さっぱりわかりません」といったニュアンスで使われます。

付け足く 1

I don't know ⊕ him.
彼のことは知らないわ。

友人がかっこいい男の子を見つけて大騒ぎ。彼女に彼のことを知っているか尋ねられて…。

付け足く 2

I don't know ⊕ yet.
まだわかりません。

上司にコンピュータの修理を頼まれましたがうまくいきません。上司から故障の原因を尋ねられて…。

3 I don't know ➕ what happened.
何が起こったのかわかりません。

会社のコンピュータが突然止まってしまいました。原因を尋ねられましたが、見当もつきません。そこでひとこと。

4 I don't know ➕ anything about it.
それについては何もわかりません。

同僚が突然辞表を提出して会社を後に。上司に何か知っているか尋ねられましたが、何も知りません。

5 I don't know ➕ what's going on.
どうなっているのかさっぱりわからないよ。

駅のホーム。来るはずの電車がまったく来ません。「どうしたんだろう？」と尋ねる友人にひとこと。　＊ go on（事が）起こる

6 I don't know ➕ where to turn.
どこで曲がればいいのかわからないよ。

今日は友人とドライブです。でも道に迷ってしまいました。どこで曲がればいいのかな？

014 そう希望する気持ちを伝えることば

I hope.
そうだといいね。

I hope. は日本語の「そうだといいね」「そう願いたいね」といったニュアンスで、そう希望する気持ちを伝えるひとことです。この表現はどちらかというと「どうせだめだろうけど」という諦めのニュアンスを含んで使われることが多くなります。

似た表現に **I wish...** がありますが、こちらは願いごとをしたり、現実離れした希望を述べるときに使われる言い方。**I wish I were a bird.**（私が鳥ならよかったのに）がよい例でしょう。一方、**I hope...** はより現実味のある希望を述べるときに使われます。

1 I hope ⊕ so.
そうだといいんだけど。

財布をなくしてしまいました。「すぐに見つかるよ」と励ましてくれる友人に向かってひとこと。

2 I hope ⊕ not.
そうならなければいいけど。

歯が痛み出しました。「きっと抜かなきゃならないぞ」と友人に脅されてひとこと。

付け足し 3

I hope ⊕ she's okay.
彼女が大丈夫だといいのですが。

友人の彼女が事故に遭ったと聞いてびっくり。さっそく友人に電話して大丈夫か確認します。　＊okay 大丈夫で、オーケーで

付け足し 4

I hope ⊕ you're not serious.
マジで言ってるわけじゃないわよね。

同僚が仕事を辞めると言い出しました。冗談であってほしいと願いながらひとこと。　＊serious まじめな、本気の

付け足し 5

I hope ⊕ you like it.
気に入ってもらえるといいのですが。

今日は友人の誕生日。自分で選んだプレゼントを渡します。さて、気に入ってもらえるかな？

付け足し 6

I hope ⊕ to see you soon.
またすぐに会いたいです。

海外から遊びに来ていた友人が帰国します。見送りに行ってひとこと。

015 同情するときのあいづち

I know.
わかります。

I know. は「そうですね」「わかりますよ」といったニュアンスの同情するときのあいづちとしてよく使われるひとことです。この場合は know を強めに発音します。My nose is stuffy and I have a headache.（鼻がつまって頭が痛いんだ）I know. I hate that.（わかるよ。あれって嫌だよね）といった具合に使います。逆に I を強めに発音して元気よく言えば、「そうだ、わかったぞ！」と何かがパッとひらめいたときにふと口をついて出るひとことになります。I know... とすると「〜は知っています」「〜はわかっています」の意味に。

付け足く 1

I know + him.
彼なら知ってるわ。

友人がステキな人がいると言って大騒ぎ。彼女が指差す先には自分の知り合いが…。そこで彼女にひとこと。

付け足く 2

I know + that.
そんなことわかってるよ。

おせっかいな友人が今日も口うるさく何だかんだと言ってきます。ちょっとうんざりしてひとこと。

付け足く 3
I know + how.
やり方知ってるよ。

友人がコンピュータを接続できずに困っています。そこで助けてあげることに…。

付け足く 4
I know + the way.
行き方はわかります。

友人と映画館の前で待ち合わせの約束を。その場所を知っているか尋ねられましたが、そこなら知っています。

付け足く 5
I know + for sure.
絶対だよ。

お金を返したか返していないかでひともめ。「本当に返してくれた？」と疑う友人に、自信を持って断言。　＊for sure 確かに

付け足く 6
I know + what you're thinking.
あなたの考えていることはわかるわよ。

友人夫妻の仲は冷え切っています。そんな彼女から相談があるといって電話が…。きっと離婚するつもりだわ。

016 断言できないときのことば

I might.
そうするかもしれません。

I might. は「そうするかもしれません」「そうかもしれない」といったニュアンスのひとことで、はっきりと返事できないときなどに言葉を濁すような感じで使います。例えば、**Are you going to Jack's party?**（ジャックのパーティーに行くの？）**I might.**（行くかもしれない）といった具合に使います。**I might...** で「〜かもしれない」という意味になります。

付け足く 1

I might + be interested.
面白いかもしれないな。

友人が会社を設立する話を持ち掛けてきました。ちょっと興味を示してひとこと。

付け足く 2

I might + have to go.
行かなくちゃならないかも。

社運をかけた海外プロジェクトが難航。今週中にも海外出張に行かなければなりません。　＊have to 〜しなければならない

付け足く 3

I might + not like it.
嫌いかもしれない。

友人からお土産を渡されましたが、どうやら漬物のようです。漬物は嫌いなので思わずひとこと。

付け足く 4

I might + and I might not.
行くかもしれないし、行かないかもしれない。

友人が家で開くバーベキューパーティーに招待されましたが、行けるかどうかわかりません。来られるか尋ねられてひとこと。

付け足く 5

I might + think about it.
考えておくよ。

友人に車を貸してほしいと言われました。あまり貸したくないので、とりあえず言葉を濁して…。

付け足く 6

I might + have to give it a try.
やってみるべきかもしれないな。

そろそろ独り立ちしてみたらどうかと友人に言われました。確かにそういう時期かも…。　＊give it a try やるだけやってみる

017 覚えていることを伝えることば

I remember.
覚えています。

I remember. は「覚えています」という意味のひとことです。Do you remember the day when we first met?（初めて会った日のこと覚えてる？）I remember.（覚えてるよ）といった具合に使います。I remember... とすると「〜を覚えています」「〜のことを思い出すよ」といった意味になります。何を覚えているのか、どのように覚えているのかなど、より具体的に伝えて会話を楽しみましょう。

付け足く 1

I remember + you.
あなたのことは覚えていますよ。

同窓会で懐かしい同窓生たちと再会。見覚えのある顔を見つけて思わずひとこと。

付け足く 2

I remember + everything.
すべて覚えていますよ。

子供の頃交通事故に遭ったときのことを聞かれました。あのときのことはよく覚えています。

付け足く 3
I remember + nothing.
何も覚えていないよ。

古いアルバムで見つけた幼い頃の写真。そのときのことを尋ねられたけど何も覚えていません。

付け足く 4
I remember + meeting him.
彼とは会ったことがあるわ。

友人が指差す先には見覚えのある顔が…。彼に会ったことがあるか聞かれてひとこと。

付け足く 5
I remember + when I was a kid.
子供の頃のことを思い出すよ。

同窓会で昔話に花が咲き、昔の記憶が次々とよみがえります。そこでしみじみとひとこと。

付け足く 6
I remember + it like it was yesterday.
昨日のことのように覚えてるよ。

高校の卒業式のことを覚えているかと尋ねられました。昨日のことのように覚えています。

018 後悔していることを伝えることば

I should have.
そうすればよかった。

I should have. は「そうすればよかった」「そうしておくべきだった」といったニュアンスで、そうしなかったことを後悔して放つひとことです。例えば、**You should have studied harder.**（君はもっと勉強しておくべきだったね）**I should have.**（そうすればよかったよ）といった具合。**I should have +（過去分詞）**で「～すればよかった」と、より具体的に語るフレーズになります。**I shouldn't have +（過去分詞）**で「～するべきじゃなかった」と後悔して話すひとことに。

付け足く 1
I should have + stayed.
残っていればよかったな。

自分が帰ったあとでパーティーがすごく盛り上がったことを聞いて、残念そうにひとこと。

付け足く 2
I should have + said something.
何かひとこと言えばよかった。

会議はひとことも発言できないまま終了。何も発言できなかったことを後悔してひとこと。

付け足く 3
I should have ➕ told the truth.
本当のことを言えばよかった。

小さな嘘がばれて、彼女と別れることになってしまいました。嘘なんてつくんじゃなかった…。

付け足く 4
I shouldn't have ➕ done that.
あんなことするんじゃなかった。

買い物に出掛けてついつい買いすぎてしまいました。無駄遣いしてしまったことを後悔してひとこと。

付け足く 5
I shouldn't have ➕ lied.
嘘なんてつくんじゃなかったよ。

学歴詐称がバレて、会社をクビになってしまいました。嘘をついたことを後悔してひとこと。

付け足く 6
I shouldn't have ➕ quit my job.
仕事を辞めるんじゃなかったよ。

不景気でなかなか新しい仕事が見つかりません。前の仕事を辞めたことを後悔してひとこと。　＊ quit 辞職する

019 希望を語ることば

I wish.
そうならいいけど。

I wish. は日本語の「そうならよかったのに」「そうならいいな」といったニュアンスで、達成できなかったことなどを振り返って残念そうに語ったり、望み薄の希望を語るときのひとことです。**Did you pass the test?**（テスト合格した？）**I wish.**（そうならよかったんだけど）といった具合に使います。**I wish...** とすると「〜ならいいな」と具体的に希望を語るフレーズに。また、**I wish you...** は、相手を激励したり、祝いのことばを掛けるときの定番表現です。

付け足く 1

I wish ✚ I could.
行けたらいいけどな。

楽しみにしていたキャンプに行けなくなってしまいました。「どうしても無理なの？」と聞かれて残念そうにひとこと…。

付け足く 2

I wish ✚ that were true.
本当にそうならいいんだけどね。

無理して買ったロレックスの時計を見て、女の子が「お金持ちなのね」と勘違いしています。それを聞いてひとこと。

付け足く 3

I wish ⊕ for a new car.
新しい車が欲しいです。

神社に新年のお参り。さい銭を投げて、願い事を言います。そこでひとこと。　＊wish for 所望する

付け足く 4

I wish ⊕ you a happy birthday.
お誕生日おめでとう。

今日は友人の誕生日です。祝いのことばを掛けてあげましょう。

付け足く 5

I wish ⊕ you good luck!
頑張ってね！

同僚が大切なお客さまとの商談に出掛けていきます。激励のことばを掛けてあげましょう。

付け足く 6

I wish ⊕ I were you.
うらやましいな。

友人が宝くじで大当たり！　うらやましくて、思わずひとこと…。
＊「私があなたならよかったのに」が直訳。

020 返答ができないときのことば

I wonder.
どうでしょう。

I wonder. は日本語だと「さあ、どうだろう」「どうなんでしょうね」といったニュアンスになります。人に知らないことを尋ねられて、返答ができないときなどに不思議そうな面持ちで発するひとことです。例えば、**Is he going to come?**（彼は来るの？）**I wonder.**（さあ、どうだろう）といった具合。
文末にひとことふたこと付け加えるだけで、疑問を口にするときのさまざまなフレーズになります。バリエーションを見てみましょう。

付け足く 1

I wonder ⊕ why.
どうしてだろう。

彼女がプンプン怒っています。心当たりはないし…。どうして怒っているのだろう？

付け足く 2

I wonder ⊕ how.
どうすればいいのかな。

上司が売上50％増を目指すようにと息巻いています。そんな無謀な注文を聞いてぽそっとひとこと。

付け足く 3

I wonder ✚ if that's true.
それは本当なんだろうか。

取引先が倒産したという噂が…。びっくりして同僚に耳打ちします。　＊I wonder if... 果たして〜だろうか

付け足く 4

I wonder ✚ what's going on.
どうなっているのかな。

運転中に突然の渋滞に巻き込まれました。理由もわからず困惑してひとこと。　＊go on 起こる、発生する

付け足く 5

I wonder ✚ how I'm going to get there.
そこにはどうやって行くのかな。

車で出掛けましたが、道が複雑でなかなか目的地にたどりつけません。地図を見ながら首をかしげてひとこと。

付け足く 6

I wonder ✚ how much it costs.
いくらくらいするのかな。

友人がしている大きなダイヤの指輪。きっとすごく高いに違いないわ。別の友人にこっそり耳打ち…。

021 相手に忠告することば

I wouldn't.
私ならそんなことしません。

I wouldn't. は「私だったらそうしません」「私なら止めておくけど」と、何か賛成できないようなことをしようとしている人に忠告するときのひとことです。I wouldn't do that (if I were you). を短く言った形。例えば、I'm going to quit my job.（仕事を辞めるつもりなんだ）I wouldn't.（ぼくならそんなことしないよ）といった具合に使います。I wouldn't... で、「私なら〜しない」とより具体的に語るときのフレーズになります。

付け足く 1

I wouldn't ⊕ do that if I were you.
私だったらそんなことしないわ。

もう離婚すると言って泣きじゃくる友人。早まったことはしてほしくない…。友人に忠告します。

付け足く 2

I wouldn't ⊕ put it there.
私だったらそこには置かないわ。

今日は引越しのお手伝い。友達のセンスの悪いベッドの配置を見て、思わずひとこと。

付け足し 3
I wouldn't + do that for a million dollars.
100万ドルもらってもお断りよ。

苦労して手に入れたコンサートのチケットを友人が譲ってくれと言っています。絶対にお断り！　＊for 〜をもらっても

付け足し 4
I wouldn't + bet on it.
それは期待できないだろう。

同僚はいつも希望的観測ばかり…。いつも楽観的なことを言っている彼に思わずひとこと。　＊「私ならそっちには賭けない」が直訳。

付け足し 5
I wouldn't + even try.
しても無駄だよ。

ジョンを合コンに誘おうと友人は言うけど、ジョンはちゃらちゃらしたことが大嫌い。　＊「私なら試そうとも思わない」が直訳。

付け足し 6
I wouldn't + miss it for the world.
何があっても絶対に行くよ。

友人にパーティーに誘われました。かわいい女の子がたくさん来ると聞いて…。　＊miss 逃す　＊for the world 絶対に

022 希望を述べるときのことば

I'd like to.
そうしたいです。

I'd like to. は「そうしたいです」「是非したいです」といったニュアンスで希望を述べるときのひとことです。**Would you like to meet him?**（彼に会ってみたい？）**I'd like to.**（ええ、会いたいわ）といった具合に使います。丁寧で、しかもフレンドリーな響きのある言い方なので、さまざまな場面で使えるお役立ち表現です。
I'd like to... とすれば「〜したいです」「〜させてください」といった意味の言い回しになります。より具体的に希望を述べる言い回しのバリエーションを見てみましょう。

付け足く 1

I'd like to ⊕ thank you.
お礼を言わせてください。

今日はいよいよ退社日です。お世話になった先輩にお礼を言います。

付け足く 2

I'd like to ⊕ go to London.
ロンドンに行きたいです。

上司に海外勤務地の希望はあるか尋ねられました。働きたい場所はロンドンです。

付け足く 3
I'd like to ➕ know why.
理由を教えてください。

いきなりの左遷にびっくり。突然そんなことを言われても納得できません。上司に理由を聞くことに…。

付け足く 4
I'd like to ➕ apologize.
お詫びさせてください。

仕事でミスしてお客さまに迷惑を掛けてしまいました。さっそく電話してお詫びすることに…。

付け足く 5
I'd like to ➕ have some spaghetti.
スパゲッティをいただきます。

友人宅でのホームパーティー。付け合わせをライスとスパゲッティのどちらにするか尋ねられ…。

付け足く 6
I'd like to ➕ introduce you to my friend.
友達を紹介します。

パーティーで自分の知り合いを友人に紹介することに。彼を友人のところに連れて行ってひとこと。

023 質問に応じるときのことば

I'll see.
調べてみるよ。

I'll see. は直訳すると「状況を見てみます」、転じて「調べてみます」「見てみます」といったニュアンスになります。これは簡単な質問などに、気軽に応じるときのひとことです。例えば、**Has the mail arrived?**（手紙届いてる？）**I'll see.**（見てみるよ）といった具合に使います。
I'll... は「私が〜します」「〜してみます」と、未来のことを語るときのフレーズです。また、**I'll see you...**（〜に会いましょう）も別れのあいさつの定番。

付け足く 1
I'll see ＋ about it.
ちょっと調べてみます。
上司に呼ばれて、ちょっとした調べ物を頼まれました。気軽に応じて…。

付け足く 2
I'll see ＋ if I can go.
行けるか確認してみるよ。
部下に商談に付いて来てほしいと頼まれました。予定を確認してみましょう。　＊if 〜かどうか

付け足く 3
I'll see ⊕ him off.
私が見送りに行きますよ。

外国からのお客さまを空港まで誰かが見送りに行かなければなりません。自分が行くと申し出て…。　＊ see ... off 〜を見送る

付け足く 4
I'll see ⊕ to it.
責任を持ちます。

上司から「プロジェクトは期限内に終わるのか？」と。自分が責任を持って必ず終わらせるつもりです。　＊ see to it 責任を持つ

付け足く 5
I'll see ⊕ you tomorrow.
また明日。

学校からの帰り道。途中まで一緒だった友人に、別れ際にひと声掛けます。

付け足く 6
I'll see ⊕ you then.
じゃあそのときにね。

友人と電話で話して、一緒に映画に行く約束をしました。ひと声掛けて電話を切ります。

024 恐れている気持を伝えることば

I'm afraid.
怖いです。

I'm afraid. は恐れている気持ちを伝えるひとことで、「怖いです」という意味。**I'm afraid of...** とすれば「〜が怖い」、**I'm afraid to...** とすると「〜するのが怖い」と具体的に伝えるフレーズになります。

また、**I'm afraid (that) ...** を文頭に付けることで「申し訳ございませんが」「あいにく」といった、遠慮がちなニュアンスを出すことができます。いくつかバリエーションを見てみましょう。

付け足く 1
I'm afraid ⊕ of snakes.
ヘビがだめなの。

今日は動物園でデート。大嫌いなヘビがいる爬虫類館に行こうとする彼に、あせりながらひとこと。

付け足く 2
I'm afraid ⊕ of getting fat.
太っちゃうのが怖いの。

友人宅でケーキを出してもらったけど、太りたくないので我慢を。すると「食べないの？」と尋ねられて…。　＊ get fat 太る

付け足く 3

I'm afraid ✚ to call her.
彼女に電話するのが怖いよ。

彼女と大喧嘩。電話して謝った方がいいと友人は言うけれど、何だか電話するのが怖い…。

付け足く 4

I'm afraid ✚ I can't go.
あいにく行けないんです。

友人から忘年会のお誘いがありました。でも、その日は忙しくて行けません。がっかりしてひとこと。

付け足く 5

I'm afraid ✚ what might happen.
どうなってしまうのか怖いよ。

勤めていた会社をリストラされてしまいました。これからどうなってしまうのか？ 不安になってひとこと。

付け足く 6

I'm afraid ✚ he's not here.
あいにく出掛けておりますが。

外出中のルームメイトあてに人が訪ねて来ました。彼が出掛けていることを伝えます。

025 よろこびを伝えることば

I'm glad.
うれしいです。

I'm glad. は「うれしいです」「よかったです」といったニュアンスで、よろこびを伝えるひとことです。うれしいことがあったときなどにホッとして使います。例えば、**You passed the test. I'm glad.**（テストに合格だってね。僕もうれしいよ）といった具合。
I'm glad... とすると「～でよかったです」「～してうれしいです」といった意味のフレーズになります。

付け足く 1
I'm glad ⊕ to see you.
お会いできてうれしいです。

パーティーで友人に人を紹介されました。その人と握手しながら、会えてうれしい気持ちを伝えます。

付け足く 2
I'm glad ⊕ you came.
来てくれてうれしいです。

今日は自宅でホームパーティー。来てくれないと思っていた友人がひょっこり現れました。彼を出迎えてひとこと。

付け足し 3

I'm glad ✚ it didn't rain today.
今日は雨にならなくてよかったです。

今日は山にハイキングです。心配していた雨も降っていません。ホッとしてひとこと。

付け足し 4

I'm glad ✚ I'm still alive.
生きててよかった。

運転中、間一髪で交通事故に巻き込まれるところでした。命びろいしてひとこと。

付け足し 5

I'm glad ✚ you invited me.
誘ってくれてうれしいです。

友人から家に遊びに来ないかと誘われました。誘ってもらえてうれしい気持ちを伝えましょう。　＊ invite 招待する、誘う

付け足し 6

I'm glad ✚ it turned out well.
うまくいってよかった。

お客さまの前でのプレゼンはとてもうまくいきました。ホッとしてひとこと。　＊ turn out well うまくいく

026 出掛けるときのことば

I'm going.
出掛けてきます。

I'm going. は「出掛けてきます」「もう行きます」といったニュアンスのフレーズです。例えば、**I'm going. I'll be back at 3:00.**（出掛けてきます。3時に戻ります）といった具合に使います。また、状況によっては「私が行きます」という意味にもなり、**Who is going to the conference?**（会議には誰が出るのですか？）**I'm going.**（私が行きます）といった具合に使います。バリエーションの **I'm going to...** は、これから行おうとしていることについて述べるときの言い方。

付け足く 1

I'm going ⊕ home.
家に帰ります。

上司に仕事後の予定を尋ねられました。今日はとくに予定はありません。

付け足く 2

I'm going ⊕ to quit.
もう辞めるつもりです。

仕事を辞めるべきか悩んでいます。相談に乗ってもらおうと上司にこう切り出します。

付け足く 3

I'm going ⊕ now.
もう出掛けるよ。

そろそろ取引先へ商談に出掛けなければならない時間です。同僚にひと声掛けて会社を出ます。

付け足く 4

I'm going ⊕ to the bathroom.
トイレに行ってくる。

今日は友人たちと飲み会です。トイレに行くときには、ひと声掛けて席を立ちます。　＊bathroom トイレ

付け足く 5

I'm going ⊕ crazy.
もう頭が変になっちゃうよ。

仕事が忙しくてもう何日も残業が続いています。このままだと頭がおかしくなっちゃいそう…。　＊go crazy 頭が変になる、気が狂う

付け足く 6

I'm going ⊕ 50 km/h.
時速50キロで走ってるよ。

「スピードを出しすぎないで！」と助手席の彼女が心配そうにひとこと。　＊I'm going... で「～で走っています」の意に。

027 謝罪・同情することば

I'm sorry.
ごめんなさい。

I'm sorry. には大きく分けて2つの意味があります。謝罪するつもりでそう言えば「ごめんなさい」「申し訳ありません」といった意味になり、不幸な目に遭った誰かに同情してそう言えば「かわいそうに」「お気の毒に」といった意味になります。

また、**I'm sorry?** と尻上がりに発音すれば「もう一度言ってください」と聞き返すことばにもなります。

付け足く 1
I'm sorry ⊕ for being late.
遅れてごめんなさい。

友達との待ち合わせに少し遅れてしまいました。まずは謝ります。

付け足く 2
I'm sorry ⊕ to hear that.
それはかわいそうに。

友人が彼氏に浮気されたと言って泣いています。そんな彼女をなぐさめようとひとこと。

付け足く 3

I'm sorry, ⊕ but I'm married.
悪いけど結婚してるんだ。

バーで派手な女の子に言い寄られて大ピンチ！ 僕には愛する奥さんが…。

付け足く 4

I'm sorry ⊕ about your cat.
ネコちゃんのこと残念だったね。

友人のネコが事故で亡くなったと聞いてびっくり。さっそく電話して悲しんでいる友人を励まします。

付け足く 5

I'm sorry ⊕ from the bottom of my heart.
心から謝罪します。

自分のせいで友人に迷惑を掛けてしまいました。お詫びの気持ちを込めてひとこと。　＊from the bottom of my heart 心の底から

付け足く 6

I'm sorry ⊕ I said that.
あんなこと言ってごめんね。

彼女と喧嘩。でも、ひどいことを言ってしまったと反省しています。電話をして謝ることに…。

028 努力を認めない相手に言い返すことば

I'm trying.
努力はしてます。

I'm trying. は必要以上に急かされたり、くどくどと注意されたときなどに、ムッとして放つひとことで、日本語の「努力はしてるよ」「わかってるよ（うるさいな）」といったニュアンスです。

I'm trying to... とすれば「〜しようとしています」や「〜しようとしてるのだから邪魔しないで」といった意味のフレーズになります。**I'm trying.** を基本にした応用フレーズをいくつか見てみましょう。

付け足く 1
I'm trying ⊕ to work!
仕事してるんだから邪魔しないで！

人が必死に仕事をしているのに、同僚が横からちゃちゃを入れてくる。イライラしてひとこと。

付け足く 2
I'm trying ⊕ my best.
ベストは尽くしているつもりです。

上司は自分の努力をまったく認めてくれません。「やる気はあるのか？」と怒鳴られ、ムッとしてひとこと。

付け足く 3

I'm trying ⊕ out a new car.
新車を試し乗りしてるんです。

車を買おうと、新車を試し乗り。それを見た友人に「その車どうしたの？」と…。　＊try out 試してみる、試験的に使ってみる

付け足く 4

I'm trying ⊕ my luck.
だめもとでやってるんだ。

株を始めたことを友人に話すと、「どうしてそんな不安定な投資を？」と不思議顔。　＊try one's luck 一か八か試してみる

付け足く 5

I'm trying ⊕ to help.
手伝ってあげようとしてるのに。

料理する彼女を手伝おうと台所へ。でも「あっちへ行ってて」と邪魔者扱いされてしまった。そこでひとこと。

付け足く 6

I'm trying ⊕ to lose weight.
体重を減らしたいんです。

サラダばかり食べる私を友人が不思議そうに見ています。それを見てひとこと。

029 相手に行動を促すことば

Just try.
とにかくやってみなさい。

Just try. は「とにかくやってみて」「とにかく試してみて」といったニュアンスの表現で、あまり乗り気でなかったり、尻込みしているような相手に行動を促すときのひとことです。例えば、**I hate sushi.**（私お寿司は嫌いなの）と食べず嫌いの外国の人に言われて、**Just try.**（とにかく食べてみてよ）といった具合に使います。

付け足く 1

Just try ➕ your best.
とにかくだめもとでやってみなよ。

入社1年目で大プロジェクトを任されてしまった友人。自信なさそうにしている彼を激励してひとこと。

付け足く 2

Just try ➕ talking to her.
とにかく彼女と話す努力をしないと。

友人が彼女と大喧嘩。このままでは二人は別れてしまいます。そこで友人にアドバイス。

付け足し 3

Just try ⊕ it.
まあ食べてみてよ。

新作のアイデア料理。見た目は悪いけど味はいいのよ！　＊食べ者に限らず「とにかく試してみて」とすすめるときの定番フレーズ。

付け足し 4

Just try ⊕ it on.
とにかく着てみてよ。

友人はハワイ土産のTシャツを派手すぎるといって着ようとしません。そんなこと言わずに着てみてよ。　＊ try ... on ～を試着する

付け足し 5

Just try ⊕ it out.
試乗してみてよ。

車を売りに出すことに。興味を示す友人に試乗をすすめてみます。
＊ try it out 試してみる、実際に使ってみる

付け足し 6

Just try ⊕ to have a good time.
とにかくエンジョイすればいいよ。

初めての海外出張で緊張しまくっている同僚。少しでも緊張を和らげてあげようとひとこと。　＊ have a good time 楽しい時をすごす

030 とっておくように伝えることば

Keep it.
捨てないで。

Keep it. は「捨てないで」「とっておいて」といった意味のひとことです。例えば、荷物の整理をしているときに Do you need this old magazine?（この古い雑誌は必要なの？）と言われて、Keep it.（捨てないで）といった具合に。
また、タクシーのお釣りをチップとしてドライバーに渡したいときに Keep it. と言えば「お釣りはとっておいてください」の意になります。機会があったら使ってみましょう。Keep it... とすれば「それを〜の状態にしておいて」という意味のフレーズに。

付け足く 1

Keep it ⊕ a secret.
秘密にしてね。

会社を辞めることを友人に打ち明けました。でも、まだ他の人には言わないでね。　＊直訳すると「秘密の状態にしておいて」

付け足く 2

Keep it ⊕ on.
消さないで。

テレビを見ながらウトウト。すると彼女がテレビを消してしまいました。まだ見てるのに…。　＊「消しておいて」は Keep it off.

付け足く 3

Keep it ⊕ quiet.
静かにして。

図書室で本を読んでいたんだけど、友人がうるさくて読書に集中できません。そこでひとこと。

付け足く 4

Keep it ⊕ away from me.
私に近づけないで。

友人がいいものを見つけたと言って手を差し出します。見ると、その手のひらにカエルが…。きゃーっ！　＊ away from ～から離れて

付け足く 5

Keep it ⊕ in mind.
心に留めておくように。

部下がまた遅刻。このままだと減給処分も仕方がない。彼に伝えて、今後は遅れないよう、しっかりと心に留めておくように言います。

付け足く 6

Keep it ⊕ off the table.
テーブルに置かないで。

友人が泥のついたコートを食事するテーブルに置くのを見てびっくり。汚いからどかしてもらいます。　＊ off ～から離れて

031 手助けを申し出ることば

Let me.
私にやらせて。

Let me. は「私にやらせて」のニュアンスで、自分にその能力があることを申し出るときのひとことです。例えば、**I can't open this jar.**（このビン開かないわ）**Let me.**（僕にやらせて）といった具合です。
Let me... とすると、「私に～させて」と助力を申し出たり、「ちょっと～させて」と許可を求めるときのフレーズになります。

付け足く 1

Let me ⊕ have a try.
私にやらせてみてください。

上司がインターネットの接続に手間どっています。自分にやらせてみてくれるように申し出て…。

付け足く 2

Let me ⊕ touch it.
触らせて。

友達が高そうな毛皮のコートを着ています。いったいどんな触り心地なんだろう？ ちょっと触らせてもらうことに…。

付け足し 3

Let me ⊕ think about it.
ちょっと考えさせて。

友人が自分の車を安く買わないかと言ってきました。即答せずに、ちょっと考える時間をもらうことに…。

付け足し 4

Let me ⊕ help you.
ほら、手伝うよ。

同僚の女の子が重そうな箱をフラフラしながら運んでいます。危なっかしくて見ていられません。

付け足し 5

Let me ⊕ get some rest.
ちょっと休ませてよ。

今日は引越しのお手伝い。重い荷物を運んでもうクタクタ。ちょっと休憩させてほしいんだけど…。　＊ get rest 休む、休憩する

付け足し 6

Let me ⊕ ask you a question.
ちょっと聞きたいんだけど。

彼女の様子がどうもおかしい…。まさか浮気?!　思い切って聞いてみようと、こう切り出します。

032 何かを差し出すときに添えることば

Take it.
持っていって。

Take it. は「持っていっていいですよ」「あげますよ」といったニュアンスのひとことです。例えば、Can I use your pen?（ちょっとペン借りていい？）と聞かれて、Sure, take it.（うん、持っていって）といった具合に使います。このフレーズもバリエーションが豊富です。Take it easy. には、「バイバイ」のほかに、「無理しないでね」の意味もあります。

付け足く 1

Take it + away.
取り上げて。

赤ちゃんがハサミを持って遊んでいるのを見てびっくり。怪我する前に取り上げてしまいましょう。

付け足く 2

Take it + home with you.
家に持って帰ってよ。

パーティーでケーキがだいぶ余ってしまいました。もったいないわね、と余ったケーキを見つめる友人に…。

付け足く 3
Take it ⊕ to the repair shop.
修理屋さんに持っていって。

腕時計のベルトが切れてしまいました。そこで修理屋さんに持っていってもらうことに。

付け足く 4
Take it ⊕ outside.
外に持っていって。

友人がガマガエルをつかまえて家に持ってきました。そんなもの家の中に入れないで！

付け足く 5
Take it ⊕ or leave it.
決心しなさいよ。（買うなり止めるなりご自由に）

贅沢なバッグを買おうか買うまいか悩む友人。悩むぐらいなら買わなきゃいいのに…。　＊leave そのままにしておく、止める

付け足く 6
Take it ⊕ easy.
バイバイ。

友人数人と飲みに出掛けましたが、先に帰ることに。そこで友人に別れ際のあいさつを。　＊「無理しないでね」の意もある。

033 相手に話すように促すことば

Tell me.
言って。

Tell me. は「言って」「話してみて」「教えて」といったニュアンスで、相手に話して聞かせるように促すときのひとことです。例えば、I know a secret.（秘密を知ってるよ）Tell me.（何？ 教えて）といった具合に使います。
Tell me... とすると「～を教えて」「～を話して」とより具体的に頼む表現になります。5W1Hとの組み合わせで、さまざまなバリエーションが作れます。

付け足く 1

Tell me + what you know.
知っていることを話して。

会社を病気で休んでいる間に担当していたプロジェクトが突如延期に。驚いて同僚に尋ねます。

付け足く 2

Tell me + all about it.
詳しく教えて。

会議に欠席したあなた。そこで同僚に会議の内容を詳しく聞いてみることにしました。　＊all about ～に関するすべて

付け足く 3

Tell me ⊕ what you think.
どう思うか話して。

来年会社を辞めて留学しようと思っています。でも、決心がつきません。友人に助言を求めて…。

付け足く 4

Tell me ⊕ how to do it.
どうやるのか教えて。

友人が持ってる手作りの携帯ストラップ。ビーズが付いていて、とってもかわいい。私も作ってみたいな。

付け足く 5

Tell me ⊕ what happened.
何があったのよ。

目の回りに大きなアザをつくって出勤して来た友人を見て、思わずひとこと…。　＊happen 起こる

付け足く 6

Tell me ⊕ it isn't true.
本当じゃないって言ってよ。

大好きな彼氏から別れ話。他に好きな人ができたって…。聞いたことばが信じられずに思わずひとこと。

034 感謝の気持ちを伝えることば

Thanks.
ありがとう。

Thanks. は「ありがとう」「助かるよ」と相手に礼を言うときのひとことです。Thank you. とのはっきりとした違いはありませんが、どちらかと言えば Thanks. のほうがより温かみのあるひとことに聞こえます。また、カジュアルすぎるということもないので、フォーマルな場でも、ビジネスシーンでも問題なく使えます。

付け足く 1

Thanks + for all your help.
いろいろとお世話になりました。

今日でこの会社ともお別れです。最後に同僚の前でお別れのあいさつ。感謝を込めてお礼を言います。

付け足く 2

Thanks + so much.
どうもありがとう。

傘がなくて困っていると、友人が置き傘を貸してくれました。心を込めてこう言いましょう。

付け足く 3

Thanks ➕ for saving my life.
命を救ってくれてどうもありがとう。

道で倒れたあなたを通りがかった人が病院へ連れて行ってくれました。文字通り命の恩人に、心から感謝して…。

付け足く 4

Thanks ➕ anyway.
それでもありがとう。

同僚が助力を申し出てくれました。でも、手伝ってもらえることはありません。礼を言って断ります。　＊ anyway それでも

付け足く 5

Thanks, ➕ but no thanks.
ありがとう。でも結構です。

レストランでウエイトレスが「コーヒーのおかわりはいかが？」と言ってきました。もう結構です。

付け足く 6

Thanks ➕ to you, everything was great.
あなたのお陰で、何もかも素晴らしかったわ。

婚約パーティーは大成功。何カ月も前から私たち二人のために準備をしてくれた友人に感謝を込めて…。

035 追加があるか確かめることば

What else?
他には？

What else? は「他には何かある？」「それ以外には？」といった意味の表現です。相手の発言を聞いて、それに追加するものがあるかどうか確かめるときに使われます。

似た表現に **Anything else?** というのがあります。これも **What else?** とほぼ同じ意味のひとことですから、一緒に覚えておきましょう。これを丁寧にした言い方が **Would you like anything else?** です。これはハンバーガーショップなどの店員が「他にご注文はございますか？」と言うときに使います。

付け足く 1

What else + happened?
他には何があった？

風邪で会社を1日休んだ翌日、部下が前日に起こったことを報告してくれました。一通り聞いた後で他に何がないか尋ねます。

付け足く 2

What else + do you have?
他にはどんなのがあるの？

ブティックでショッピング。店員がすすめる服はちょっと地味すぎるかも…。他に何かない？

付け足く 3

What else + did she say?
彼女、他には何て言ってた？

会社の席を外している間に彼女から電話が。伝言のメモには「今日の約束はキャンセル」とだけ…。他に何か言っていなかったかな？

付け足く 4

What else + is on tonight?
今夜はあとどんな番組があるの？

土曜日の夜、お目当てのテレビ番組は終わってしまいました。他に面白い番組ないかな？　＊on テレビ番組などが放送されている

付け足く 5

What else + could I ask for?
これで十分満足です。（これ以上何を望めというの？）

泊めてもらった友人に気持ちよさそうな布団とパジャマを用意してもらって感激。「他に必要なものは？」と聞かれてひとこと…。

付け足く 6

What else + is new?
今ごろ何言ってるの？

友人が「あの芸能人が離婚するって」と大騒ぎ。そのニュース、もう古いわよ。　＊直訳すると「その他に新しいことは？」

036 様子のおかしい相手を気遣うことば

What's wrong?
どうしたの？

What's wrong? は「どうしたの？」「どうかした？」といったニュアンスで、様子のおかしい相手にかけるひとことです。**What's wrong? You look sad.**（どうしたの？ 寂しそうな顔してるよ）といった具合に使います。
バリエーションとしては、**What's wrong with...?** という言い回しが多くなります。

付け足く 1

What's wrong ⊕ with you?
あなた、いったいどうしちゃったの？

いつもなら考えられないケアレスミスを連発する同僚に、ムッとしてひとこと。

付け足く 2

What's wrong ⊕ with me?
私はどこが悪いの？

ひどい頭痛で病院へ。診察中、お医者さんにどこが悪いのか聞いてみます。

付け足し 3

What's wrong ⊕ with my computer?
私のコンピュータどこが悪いのかしら？

フリーズばかり繰り返すコンピュータ。途方に暮れてひとこと。

付け足し 4

What's wrong ⊕ with it?
それの何が悪いのさ？

自分が出した提案に同僚が難くせをつけてくる。自分の案を否定されてムッとしてひとこと。

付け足し 5

What's wrong ⊕ with your car?
車どうしちゃったの？

いつもは車で迎えに来る彼氏が、今日に限って電車に乗ってやって来た。車はどうしちゃったんだろう？

付け足し 6

What's wrong ⊕ with going fishing?
釣りに行って何が悪いのさ？

釣りに行くと言うと、彼女はおやじっぽいって馬鹿にする。人の趣味を否定するな！

037 引き受けてくれるか確かめることば

Would you?
してもらえますか？

Would you? は「してもらえますか？」「してもらって構いませんか？」といったニュアンスで、人に頼みごとをするときのひとことです。**I need someone to help me. Would you?**（誰か助けてほしいんだけど。君、してくれる？）といった具合に使います。また、「〜しますか？」「〜したいですか？」と相手の意志を確認するとき、**Would you...?** という言い方をよく使います。

この言い回しはバリエーションが多く、知っておくととても便利なのでしっかり覚えましょう。

付け足く 1

Would you ⊕ give me some help?
少し手伝ってもらえるかな？

机の上には未処理の書類の山。手の空いていそうな同僚にお願いすることに…。

付け足く 2

Would you ⊕ help me move?
引越しを手伝ってもらえる？

引越しの人手が足りません。友人に電話して手伝ってくれないか聞いてみることに…。

付け足く 3

Would you ⊕ do me a favor?
お願いがあるんだけど？

買い物に出掛ける友人。ついでにタバコを買って来てほしくてひとこと。　＊ do someone a favor ～（人）の頼みを聞いてやる

付け足く 4

Would you ⊕ mind?
構いませんか？

公園のベンチに座って、ちょっと一服。煙草を取り出して、隣りに座っている人にひとこと。　＊ mind 気にする、構う

付け足く 5

Would you ⊕ care for dessert?
デザートはいかが？

自宅でホームパーティー。食事も終わって、残るはおいしそうなデザートだけです。　＊ care for ～が欲しい

付け足く 6

Would you ⊕ like to come?
来たい？

仲間と温泉旅行へ出掛けます。車にはまだ乗れるので、別の友人にも声を掛けてみることにしました。

038 尻込みする相手を励ますことば

You can.
あなたならできます。

You can. は「あなたならできるわ」「君ならできるさ」といったニュアンスのひとことです。「大丈夫だよ」「安心して」と、相手を励ますときにも使われます。例えば、**I can't write a novel.**（小説なんて書けないわ）**You can.**（あなたなら大丈夫よ）といった具合です。**You can...** とすると「あなたは〜できます」、**You can't...** とすると「あなたは〜できない」「あなたは〜してはダメです」といった意味になります。

付け足く 1
You can ⊕ do it!
君ならできるさ！

会社の同僚が大切なプレゼンを前に緊張してカチカチになっています。そんな彼の肩をたたいてひとこと。

付け足く 2
You can ⊕ do anything.
何だってできるわよ。

友人が宝くじで1等の大当たり！ 何でも好きなことができるようになった彼を見て、うらやましそうにひとこと。

付け足く 3
You can ⊕ ask me for help anytime.
できることがあったらいつでも言って。

両親を亡くして肩を落とす友人。力になってあげたくて、励ましのことばを伝えます。

付け足く 4
You can't ⊕ blame him.
彼を責めちゃいけないわ。

友人が子供のおねしょが治らないといってヒステリックに。まだ3歳なんだから仕方ないじゃない…。　＊blame 責める、とがめる

付け足く 5
You can't ⊕ imagine how much it costs.
値段聞いたらびっくりするわよ。

バーゲンで500円で買ったセーター。とてもそんな値段には見えないわ。　＊「その値段をあなたは想像できない」が直訳。

付け足く 6
You can't ⊕ give up.
あきらめるなんてダメよ。

友人が大学を退学すると言い出しました。もうちょっと頑張れば卒業できるのに。今あきらめるなんて馬鹿よ。

039 知ってるでしょ、と問いただすことば

You know.
わかってるでしょ。

You know. は「わかるでしょ」「知ってるでしょ」といったニュアンスです。**What's this actor's name? You know.**（この俳優の名前、何だっけ？ 知ってるでしょ）といった具合に使います。

また、特に意味はなく、単に念を押すために用いるときもあります。この場合、文頭や文末などに付けられ、**I don't have any money, you know.**（ほら、僕お金がないから）といった具合に使います。

付け足く 1

You know ➕ John.
ジョンってそういうやつなのよ。

ジョンに約束をすっぽかされたといって友人が愚痴っています。いつものことじゃない。

付け足く 2

You know ➕ more than I do.
あなた、私より知っているじゃない。

友人から恋愛についての相談が…。彼女、私より恋愛経験が豊富なのに…。聞く相手を間違ってるんじゃない？

付け足く 3

You know ⊕ everything, don't you?

何でも知ってるのね。(皮肉)

知ったかぶって、いつも知識をひけらかしている彼に思わず皮肉が…。　＊付加疑問文の don't you、皮肉っぽいニュアンスが出る。

付け足く 4

You know ⊕ it.

まったくだね。

家を一歩出ると、外はうだるような暑さ。「今日は本当に暑くて嫌になっちゃうね」と言われてひとこと…。

付け足く 5

You know ⊕ what I mean.

私の言っていること、わかるでしょう。

会話中、ど忘れしてことばが出てきません。えーと、ほら、あれ…、何だっけ？

付け足く 6

You know ⊕ me better than that.

私がそんな人間じゃないってことぐらい知ってるでしょ。

ルームメイトのお金がなくなってしまいました。疑いの目を向けられて、ムッとしてひとこと。　＊ better than 〜よりもよく

040 相手に何かを勧めることば

You should.
そうするべきです。

You should. は「そうするべきですよ」「そうした方がいいですよ」と、人に何かを勧めるときのひとことです。例えば、I'm thinking about apologizing to her.（彼女に謝ろうと思ってるんだ）You should.（そうした方がいいよ）といった具合に使います。You should... とすると「あなたは〜するべきです」、You shouldn't... とすると「あなたは〜するべきではありません」という意味になります。いくつかバリエーションを見てみましょう。

付け足く 1

You should + give it a try.
やってみるべきよ。

友人がモデルのオーディションを受けようか悩んでいます。あなたなら大丈夫！　＊give it a try 試しにやってみる、挑戦してみる

付け足く 2

You should + try harder.
もっと一生懸命やるべきよ。

友人はダイエットをしても痩せないって嘆いているけど、ちょっとやり方が中途半端みたい。　＊harder もっと一生懸命に

付け足く 3

You shouldn't ⊕ say that.

それは言うべきじゃないわ。

友人の上司に対する悪口は留まるところを知りません。悪口が個人的なことにまで及ぶにいたって思わずひとこと。

付け足く 4

You shouldn't ⊕ have.

結構でしたのに。

会社にお客さんがやって来ました。手土産を渡されて、恐縮してひとこと。　＊You shouldn't have done that. を短くした形。

付け足く 5

You shouldn't ⊕ worry so much.

そんなに心配することないわよ。

友人から子供のことで相談を受けました。そこで、こう助言してあげました。　＊worry 心配する　so much そんなにまで

付け足く 6

You shouldn't ⊕ miss it!

絶対見逃せないわよ！

話題の映画に大感動！　さっそく友人に電話して、観に行くように勧めます。　＊miss 見逃す

041 手助けを断ることば

Don't bother.
悪いからいいですよ。

Don't bother. は「悪いからいいですよ」「気にしないでいいよ」「構わないでいいよ」といったニュアンスの表現で、手助けの申し出をさりげなく断るときのひとことです。例えば、**Would you like me to carry your bag?**（荷物を運びましょうか？）**Don't bother.**（いいわよ気にしないで）といった具合。**bother** は、「邪魔する」「ちょっかいを出す」の意味で、**Don't bother...** とすると「〜の邪魔しないで」という意味のフレーズに。また、**Don't bother with...** とすると「〜は放っておいて」「〜はそうしても無駄だ」といった意味になります。

付け足く 1

Don't bother ⊕ me.
邪魔しないで。

本を読んでいるのに、友人が何かと話し掛けてきます。読書に集中したいんだから、放っておいてくれないかな…。

付け足く 2

Don't bother ⊕ him.
彼の邪魔をしないで。

勉強中の友人が、不真面目なクラスメイトに横からちょっかいを出されて迷惑そうにしています。助けてあげましょう。

付け足し 3

Don't bother ➕ it.

いじらないで。

家に遊びに来た友人が、大切にしている鉢植えに触ろうとしています。デリケートな植物だから触らないで…。

付け足し 4

Don't bother ➕ with him.

彼はどうせだめだよ。

パーティーにジョンも誘おうかと話し合い。でもジョンはパーティーが大嫌いだから…。　＊bother with 〜で時間を無駄にする

付け足し 5

Don't bother ➕ with these files.

このファイルは放っておいてもいいから。

部下に書類の整理を頼みます。書類の山の中には手をつけなくてもいいファイルもあるので、それを伝えます。

付け足し 6

Don't bother ➕ to clean my room.

部屋の掃除はしなくて結構ですから。

ホテルの従業員が部屋の掃除に来ました。あまり汚れていないので断ります。　＊Don't bother to... 〜はしなくても結構です

PART 2
丁寧な英語よりもフレンドリーな英語を話そう！

日本社会では上下関係にもとづいて敬語を使い分けるのは当然のことですが、アメリカでは日本のような敬語の使い分けはほとんどされていません。相手によって喋り方を変える人も確かにいますが、権力者にこびる話し方をする人や、上司にぺこぺこする人はbrown noser（俗語、「鼻の茶色い人」が直訳）と呼ばれて嫌われています。英語で人と接するときには、polite（丁寧）であることよりも、friendly（友好的）でいるように心掛けましょう。ファーストネームで呼び合える関係がベストです。Mr.〜と呼ばれてうれしい人など、ネイティヴにはあまりいないのですから。

042 以前の自分について語ることば

I used to.
前はそうだった。

I used to. は「前はそうだった」「前はよくやった」というニュアンスで、今とは違って以前はどうだったか、何をしていたかを言うときのひとことです。例えば、**Are you a doctor?**（医者ですか）**I used to.**（前はそうでした）や、**Do you play tennis?**（テニスをしますか）**I used to.**（前はよくやりました）といった具合に使います。**I used to...** は「前は〜だった」「前はよく〜をした」という意味で使うフレーズです。バリエーションをいくつか見てみましょう。

付け足く 1

I used to ⊕ be an actor.
前は役者でした。

姿勢がピンとして、口調がハキハキして、表情豊かだと面接官に言われて、ひとこと。

付け足く 2

I used to ⊕ be able to speak German.
前はドイツ語が話せた。

ドイツ語を何年も学んで、ドイツで暮らした経験があります。でも、それは40年も前のことです。ここで、ひとこと。

付け足く 3

I used to ⊕ have three jobs.
前は仕事を3つしてたよ。

体力があった若いときは、お金を貯めるために朝から夜遅くまで働いていました。働き者だったことをアピール！

付け足く 4

I used to ⊕ drink a lot.
前はよく飲んでたよ。

酒に強かったのに、めっきり弱くなってしまいました。前からあまり飲めなかったか友人に聞かれて、ひとこと。

付け足く 5

I used to ⊕ do ballet.
前にバレエをやってました。

ヨガ教室に通い始めたところです。難しいポーズも簡単にとれたので、本当に初心者かと講師に聞かれ、ひとこと。

付け足く 6

I used to ⊕ go to America once a year.
年に1回はアメリカに行ってたよ。

近年は、旅行に行くとしたらヨーロッパばかり。アメリカにも行っていたことを伝えるときのひとこと。

043 忘れた、と伝えることば

I forgot.
忘れました。

I forgot. は「忘れました」「忘れちゃった」といったニュアンスのフレーズです。**Did you turn off the light?**（電気消してくれた？）**I forgot.**（あ、忘れた）といった具合に使います。バリエーションとしては、**I forgot...** とすれば「〜を忘れました」の意になり、**I forgot to...** とすれば「〜するのを忘れました」の意になります。

付け足く 1

I forgot ⊕ my briefcase.
ブリーフケースを忘れちゃった。

ブリーフケースを網棚に乗せたまま電車を降りてしまった。ハッと気がついてひとこと。

付け足く 2

I forgot ⊕ all about it.
完全に忘れてました。

うっかりしていて大切なミーティングをすっぽかしてしまいました。上司に注意されてひとこと。　＊all about 〜に関するすべて

付け足く 3

I forgot + to tell her.
彼女に言うのを忘れちゃった。

誘ったはずの女の子がパーティーに現れません。すると連絡係の友人が申し訳なさそうにひとこと。

付け足く 4

I forgot + to set my alarm clock.
目覚ましのセットを忘れた。

友人との待ち合わせに、いつもなら絶対に遅れないのに、遅刻してしまいました。遅れた理由を聞かれて、ひとこと。

付け足く 5

I forgot + to withdraw money.
お金を下すのを忘れたんだ。

お金が足りないことにレジで気づき、友人から借金。「こんなこと、珍しい」と言われ、ひとこと。　＊withdraw 引き出す

付け足く 6

I forgot + to warn you.
君に言い忘れていたよ。

料理が不評の店に行くと言っていた友人に「あそこ、まずかった」と言われ、ひとこと。＊warn 予告する

044 自分の義務を語ることば

I have to.
やらなきゃならない。

I have to. は「やらなきゃならないんです」「するしかないんです」といったニュアンスのひとことです。例えば、**Can you finish all these reports by tomorrow?**（このレポート全部明日までに終われるの？）**I have to.**（やるしかないのよ）といった具合に使います。
I have to... とすれば「私は～しなければならない」「～する必要がある」といった意味のフレーズになります。

付け足く 1
I have to + do it.
やるしかないんだ。

仕事の納期が迫っています。きちんと完了できなければ大変なことに…。自分を奮い立たせてひとこと。

付け足く 2
I have to + go.
行かなきゃ。

友人の家にお呼ばれ。気がつくともう10時です。そろそろおいとましようかな。

付け足く 3

I have to ⊕ say so.
そう言わざるを得ません。

仕事で痛恨のミス。「君のミスかね？」と詰め寄る上司…。自分のミスだと潔く認めてひとこと。

付け足く 4

I have to ⊕ make a decision now.
今、決断しなきゃいけない。

素敵な靴が半額セール。でも、セールは今日で終了。今、買うかどうかを決めなくてはいけない状況で、ひとこと。

付け足く 5

I have to ⊕ help my friend move.
友人の引越しを手伝わなければならないんだ。

付き合いの長い友人が引っ越すことになりました。手伝いに行かなくてはなりません。そんなときに、ひとこと。

付け足く 6

I have to ⊕ leave for Tokyo today.
今日、東京に発たざるを得ないんだ。

明日の午前、東京で打ち合わせがあり、明日の始発電車で向かっても間に合いません。「いつ行くの？」と聞かれ…。

045 納得して打つあいづちのことば

I see.
なるほど。

I see. は「なるほど」「そうですか」といったニュアンスの、あいづちとして用いられることの多いフレーズです。人の話を聞きながら、ところどころでうなずきながら使います。このように、**see** には「見る」という意味の他に「理解する」という意味もあるので覚えておきましょう。ここでは両方の意味で使われるバリエーションをいくつか見てみましょう。

付け足く 1
I see ✚ it.
見えるよ。

流星群を見ようと山にやって来ました。さっそく流れ星を見つけて、指差しながら…。

付け足く 2
I see ✚ now.
なるほど、わかった。

解けなかった数学の問題が、友人に教えてもらってようやくわかりました。そこでひとこと。

付け足く 3
I see ✚ what you mean.
おっしゃりたいことはわかりました。

はじめのうちは上司の考えには大反対だったけど、詳しく聞いているうちに妙に納得…。そんなとき。

046 努力が報われなかったときのことば

I tried.
やってみました。

I tried. は「やってみました」「努力はしました」という意味のひとことです。「やってはみたけど、だめだった」「努力はしたけど、できなかった」というニュアンスでよく使われます。**I'm trying.** とすると「努力はしてるよ」「(言われなくても)わかってるよ」といったニュアンスの、イライラして放つひとことになります。

付け足く 1
I tried + to help you.
助けてあげようとしたのに。

忙しそうな同僚を助けてあげようと声を掛けると、「邪魔しないで」と冷たいひとこと。ムッとしてぼそっとひとこと。

付け足く 2
I tried + everything.
すべてやってみたよ。

社内で大問題が勃発！ いろいろと手を尽くしましたが効果はありません。「他に打つ手はないのか？」と聞かれてひとこと。

付け足く 3
I tried + my best.
精一杯やりました。

自分が任されていたプロジェクトがいよいよ終わりに近づいています。上司に仕事のできばえを尋ねられてひとこと。

047 相手に同意することば

I agree.
賛成です。

I agree. は「賛成です」「私もそう思います」「同感です」といったニュアンスのことばで、相手に同意するときに使われます。**I think we should stop smoking.**（みんな禁煙するべきだと思うよ）**I agree.**（同感）といった具合に使います。バリエーションは **I agree with...** や **I agree to...** など。これらは何に賛成なのか具体的に伝えるときの言い方です。

付け足く 1
I agree + with you.
あなたの意見に賛成よ。

旅行前日になって台風が急接近！ 旅行は延期しようと言い出した友人に賛成してひとこと。

付け足く 2
I agree + with your suggestion.
あなたの提案に賛成よ。

式場の下見で、披露宴はガーデンパーティーにしようと彼が提案。そんな彼の提案にワクワクしながらひとこと。

付け足く 3
I agree + to go.
行くのに同意するよ。

一度は行かないことにした社員旅行。でも旅費を会社が全額担するからと説得されて、気が変わりました。

048 相手の発言に賛成することば

You're right.
その通り。

You're right. は「その通り」「あなたの言う通りだね」「そうだね」といったニュアンスで、相手の発言に賛成して放つひとことです。**I don't think Sally likes John.**（サリーはジョンが嫌いなんじゃないかな）**You're right.**（そうだね）といった具合。似た表現に **That's right.** というのがあります。こちらも意味はほぼ同じです。どちらも一緒に覚えましょう。

付け足く 1
You're right + this time.
今回はあなたが正しいわ。

いつもなら彼が原因で喧嘩するけど、今回は自分が悪かったかもしれない。そんなとき…。

付け足く 2
You're right + about one thing.
あなたが言ってることは、1つ正しいよ。

友人の発言はすべて正しいとは言えないけれど、正しいところが1つあります。そう伝えるときのひとこと。

付け足く 3
You're right + for me.
君は僕にはうってつけの人だよ。

とっても気の合う、まさにうってつけの彼女。そんな気持ちを彼女に…。

049 希望を述べることば

I want to.
そうしたい。

I want to. は希望を述べることばで、日本語の「そうしたい」にあたります。**Does anyone want to go to Disneyland tomorrow?**(明日ディズニーランドに行きたい人いる?)**I want to.**(僕、行きたい)といった具合に使います。
似た意味の表現に **I'd love to.** というのがありますが、こちらは「是非そうしたいです」のニュアンスで、心からそうしたいと願う気持ちがよく表れた大人っぽい言い方です。

付け足く 1

I want to ⊕ go home.
もう帰りたいよ。

一日中買い物に付き合わされてもうぐったり。さっさと帰ってゆっくりしたい。そこでひとこと。

付け足く 2

I want to ⊕ get married.
結婚したい。

来年の抱負を尋ねられました。もういい歳だし、そろそろ結婚したいかな…。

付け足く 3
I want to ⊕ be a pilot.
パイロットになりたい。

将来何になりたいか尋ねられました。夢はパイロットになって世界を飛び回ることです。

付け足く 4
I want to ⊕ swim in the ocean.
海で泳ぎたいなあ。

泳ぎに行くところと言えば、最近はもっぱらプール。何だか飽きてきて、ひとこと。

付け足く 5
I want to ⊕ try that new restaurant.
あの新しいレストランに行ってみたい。

友人と食事に行くことになって、街を散策中に、オープンしたばかりのレストランがすぐそこに…。

付け足く 6
I want to ⊕ avoid any problems with her.
彼女とトラブルになるのは避けたい。

いつもガミガミ言ってくる女性がいます。言い返すと、さらにガミガミ。そういうのは嫌だと思って、ひとこと。

050 相手に何か頼むときのことば

I'd like you to.
あなたにそうしてもらいたい。

I'd like you to. は「あなたにそうしてもらいたいんです」「そうしてほしいのです」といったニュアンスで、相手に何かを頼むときの言い方です。
I'd like you to... とすれば「あなたに〜してほしい」「〜するのは是非あなたにお願いしたい」といった意味合いになります。

付け足く 1
I'd like you to ⊕ be quiet.
静かにしてほしいんですけど。

図書館で隣の席にいる二人組が大声で話をしています。静かにするように頼んでみましょう。

付け足く 2
I'd like you to ⊕ think about it.
君に考えておいてほしいんだ。

海外に転勤することになりました。もちろん彼女に一緒に来てほしい。そこで考えておいてもらうことに…。

付け足く 3
I'd like you to ⊕ come along.
一緒に来てほしいんだ。

今日は男女同伴で出席しなければならないパーティーがあります。彼女に一緒に来てくれるか聞いてみましょう。

051 話の内容を強調することば

I'll tell you.
(強調して) まったく。

I'll tell you. は、これから話そうとしていることをより強調するときに用いられるひとことです。例えば、**I'll tell you, it's really cold today.**（まったく、今日は本当に寒いね）といった具合。通常は文頭に置いてそれに続くセンテンスを強調します。**I'll tell you...** とすると「〜を話しますよ」「〜を教えますよ」という意味のフレーズになります。

付け足く 1

I'll tell you ⊕ all about it.
すべて話すよ。

彼女に浮気がバレてしまった！ もうごまかし切れない…。観念してひとこと。　＊ all about 〜に関するすべて

付け足く 2

I'll tell you ⊕ as soon as possible.
できるだけ早く教えるよ。

引越すことになりましたが、引越し先の住所はまだわかりません。友人には住所がわかり次第連絡することに…。

付け足く 3

I'll tell you ⊕ what.
じゃあこうしよう。

友人と海外旅行。ホテルの部屋であれやこれやと予定を立てるがなかなか決まらない。そこで自分の考えを述べることに。

052 了解・無事を伝えることば

It's okay.
大丈夫です。

It's okay. は「大丈夫です」「それでいいです」といったニュアンスのフレーズです。例えば、道で人にぶつかられて I'm terribly sorry.（本当にすみませんでした）It's okay.（いえ、大丈夫ですから）といった具合。この場合の It's okay. は「気にしないでください」というニュアンスも含まれています。また、「まあまあです」という意味でも使います。

付け足く 1

It's okay + with me.
僕はオーケーだよ。

デート中「昼食はイタリアンレストランにしない？」と彼女。その提案に賛成してひとこと。

付け足く 2

It's okay + to pay later.
あとで払ってくれればいいよ。

レストランでみんなの分もまとめて支払いました。財布を取り出して、自分の分の代金を渡そうとする友人に…。

付け足く 3

It's okay + to cry.
泣いてもいいんだよ。

友人が恋人と別れたと言って悲しんでいます。必死に涙をこらえている彼女を思いやってひとこと。

053 相手の行動を制止することば

Please don't.
やめてください。

Please don't. は「やめてください」「そんなことはしないでください」といったニュアンスで、何か良からぬ行動を起こそうとしている相手を制止するときのひとことです。これは少々深刻な響きのある言い方なので、軽い感じで「ちょっと止めてよ」「こらっ！」と言いたいときには、**Stop it.** や **Don't do that.** の方が適しています。

付け足く 1

Please don't + do it.
お願いだからそんなことはしないで。

彼氏が友人と大喧嘩。今にも殴り合いに発展しそう。何とか止めようとしてひとこと。

付け足く 2

Please don't + worry about it.
そんな心配しないで。

嫉妬深い彼女はちょっと帰りが遅くなっただけでも大騒ぎ。お願いだからそんな心配しないでよ。

付け足く 3

Please don't + trouble yourself.
わざわざいいわよ。

友人にパーティーの誘いの電話を入れると、「何か持って行こうか？」と彼女。気を遣わないようにと伝えます。

054 準備が整ったことを伝えることば

I'm ready.
準備できました。

I'm ready. は準備が整ったことを伝えるフレーズで「準備できました」という意味です。**Are you ready?**（準備できた？）**I'm ready.**（準備万端さ）といった具合に使います。似た表現に **All set.** というのがあります。これは「準備オッケーだよ」「準備万端さ」といったニュアンスのとてもネイティブらしいカジュアルなひとことです。こちらも一緒に覚えておきましょう。バリエーションとしては、**I'm ready to...**（〜する準備ができました）がよく使われます。

付け足く 1

I'm ready ⊕ to go.
出発する準備ができたよ。

今日は彼女とお出かけです。出掛ける準備が終わったので、先に準備を終えて待っている彼女にひとこと。

付け足く 2

I'm ready ⊕ if you are.
君さえよければ出発できるよ。

今日は妻と外でお食事です。おめかしして準備万端。あとは妻の準備を待つだけです。　＊ I'm ready if you are ready. を短くした形。

付け足く 3

I'm ready ➕ for anything.
どんとこい。

今日は社運を賭けたプレゼン。準備はすべて整って、あとはやるだけだ！　＊ be ready for anything 何でもやる準備ができている

付け足く 4

I'm ready ➕ for winter now.
もう冬支度はできているよ。

クローゼットにしまっていたセーターやコートを出して、いつ寒くなってもいい状態のときのひとこと。

付け足く 5

I'm ready ➕ for my vacation.
休暇の準備は済んでいるよ。

週末、パリへ旅行に出掛けます。航空チケットを買って、宿泊の予約を入れて、荷造りを終えています。ここで、ひとこと。

付け足く 6

I'm ready ➕ for the marathon.
マラソンに向けて調整できているよ。

ランニングを始め約2年。走り込み距離数が毎月着実に伸びています。近々参加するマラソンを前に、ひとこと。

055 確信を示すことば

I'm sure.
確信してます。

sure は「確信している」「自信がある」という意味で、**I'm sure.** とすると「自信があります」「確信してます」といった意味の、自信を示すフレーズになります。**I'm going to be promoted. I'm sure.**（僕はきっと出世するよ。自信があるんだ）といった具合に使います。

似た表現に **I'm certain.**（確信しております）がありますが、こちらは少々かしこまった言い方。日常会話では **I'm sure.** の方が適しています。

付け足く 1

I'm sure ⊕ it's okay.
きっと大丈夫だよ。

借りていたデジカメに水をかけた、と言って友人が心配してます。見てみるとどこも壊れていないみたい。

付け足く 2

I'm sure ⊕ I told her.
彼女には間違いなく話したわよ。

約束の場所に友人が一人だけ現れません。きちんと連絡したのか尋ねられてひとこと。

付け足く 3

I'm sure ⊕ you'll succeed.
きっと君は成功するよ。

友人が独立して会社を始めることに。まだ不安そうな友人を激励してひとこと。

付け足く 4

I'm sure ⊕ she said yes.
彼女は確かにうんと言っていたよ。

友人らと映画を観に行くことに。でも、まだ一人だけ来ていません。一緒に行けると言っていたか聞かれて…。

付け足く 5

I'm sure ⊕ this is the best restaurant in Japan.
間違いなく、ここは日本一のレストランだよ。

日本中にいいレストランはたくさんありますが、今いるレストランが一番だと思い、ひとこと。

付け足く 6

I'm sure ⊕ he'll pass.
彼はきっと合格するよ。

試験勉強を頑張っている息子はもうすぐ高校入試を受けます。合格できるか不安な夫に、ひとこと。

056 時間かせぎのことば

I'm thinking.
考えてます。

I'm thinking. は「考え中です」「考えてます」といったニュアンスのひとことで、「考え中なので、ちょっと待ってください」のような意味合いが含まれています。例えば、I need your answer now.（さあ答えて）I'm thinking.（まだ考えてるんだよ）といった具合に使います。I'm thinking about... とすると「〜のことを考えています」「〜することを考えています」といった意味のフレーズになります。

付け足く 1
I'm thinking + about you.
君のことばかり考えてるよ。
彼女と電話でラブコール。愛しい人の声を聞くことができて、思わずひとこと…。

付け足く 2
I'm thinking + about moving.
引越しを考えてるんです。
部屋探しで不動産屋に。さっそく店に入って要件を伝えます。

付け足く 3
I'm thinking ➕ about it.
考えているところです。

明日ピクニックに行こうと誘われましたが、まだ行くかどうか決めていません。どうするか聞かれてひとこと。

付け足く 4
I'm thinking ➕ about how much it will cost.
どのくらいかかるか考えているよ。

傷つけてしまった車を修理に出したらどうかと友人に言われました。修理代を気にして、ひとこと。

付け足く 5
I'm thinking ➕ about changing jobs.
転職しようかと考えている。

今の仕事が自分には合っていないと感じ、辞めようかと思っています。友人に相談することに…。

付け足く 6
I'm thinking ➕ of becoming a vegetarian.
ベジタリアンになろうかと思っています。

健康診断で最悪の結果が出ました。食習慣を変えないとダメだと医者に言われ、ひとこと。

057 疲れを知らせることば

I'm tired.
疲れました。

I'm tired. は「疲れました」という意味のフレーズです。**What happened? You look terrible.**（どうしたの？ ひどい顔してるわよ）**I'm tired.**（疲れちゃって）といった具合に使います。また、**I'm tired of...** とすると「〜には飽きた」「〜にはうんざりだ」という意味になります。バリエーションをいくつか見てみましょう。

付け足く 1
I'm tired ✚ tonight.
今夜は疲れたよ。
同僚に飲みに行こうと誘われました。でも今日は疲れてしまって行く気になれません。

付け足く 2
I'm tired ✚ of you.
あなたにはうんざりだわ。
彼氏はいつものように酔っ払って大暴れ。そんな彼にうんざりして、ぽそっとひとこと。

付け足く 3

I'm tired ✚ of waiting.
もう待ちくたびれたわ。

彼氏が1時間も遅れて待ち合わせの場所に現れました。ムッとしてひとこと。

付け足く 4

I'm tired ✚ of hearing her complain.
彼女の愚痴は聞き飽きた。

気に入らないことがあるたびにブツブツと不満を言う知人がいます。嫌気が差して…。

付け足く 5

I'm tired ✚ of reading.
読むのが嫌になった。

ミーティングの資料や、何通も届くメールを読んだりして、飽き飽きしています。そこで、ひとこと。

付け足く 6

I'm tired ✚ of my daily life.
日々の生活にうんざりだ。

楽しくて、刺激的なものがほしいのに、単調な日がずっと続いています。そんなときのひとこと。

058 相手に同意することば

It sure is.
本当にそうですね。

It sure is. は「本当にそうですね」「本当ですね」と、相手の言ったことに同意するときのひとことです。**It's hot today, isn't it?**（今日は暑いですね）と言われて、**It sure is.**（本当にね）といった具合に使います。**It sure is...** とすれば「本当に〜ですね」の意に。また、**It sure isn't...** とすれば「本当に〜ではないですね」という意味のフレーズになります。

付け足し 1

It sure is ➕ hot today.
今日は本当に暑いですね。

家を出ると外は真夏のカンカン照り。あまりの暑さに思わずひとこと。

付け足し 2

It sure is ➕ a mess.
本当にめちゃくちゃね。

初めて彼氏の部屋に。汚れているとは言っていたけど、ここまで散らかっているとは…。　＊mess 散らかっていること

付け足し 3

It sure isn't ➕ what I expected.
期待はずれだな。

やっと届いた待望の新しいコンピュータ。でも、使ってみると、思っていたほど使いやすくありません。がっかりして…。

059 感激を伝えることば

It's great.
素晴らしいです。

It's great. は「それは素晴らしい」「最高です」と、感激したり、喜んでいる気持ちを伝える気持ちのいいひとことです。**Great.** と短く言う場合もあります。似た意味の表現に **It's terrific.** や、**It's cool!** があります。**It's cool!** は若者の間でよく使われることばで「かっこいいね」のニュアンスでも使われます。

付け足く 1
It's great + news.
最高の知らせだよ。

友人夫婦に待望の赤ちゃんが！　その知らせを聞いて思わずひとこと。

付け足く 2
It's great + to be here.
ここに来られて最高です。

南の島でバカンス。地元の人に島を訪れた感想を聞かれました。最高に楽しんでます！

付け足く 3
It's great + to hear from you.
声が聞けて最高にうれしいよ。

しばらく話していなかった友人から電話がありました。懐かしい声を聞いて思わず…。　＊手紙、eメールなどでもよく使う表現。

060 相手を安心させることば

It's all right.
大丈夫です。

It's all right. は「大丈夫です」「かまいません」といったニュアンスの表現で、**I'm sorry for being late.**（遅れてすみません）**It's all right.**（いえ大丈夫ですよ）といった具合に使います。
また、このフレーズには「まあまあ」の意味もあります。例えば、**Do you like your new job?**（新しい仕事はどう？）**It's all right.**（まあまあだよ）といった具合。

付け足く 1
It's all right ⊕ now.
もう大丈夫ですよ。

入院していた病院から退院して、久しぶりの出社です。同僚に「大丈夫なの？」と聞かれて…。

付け足く 2
It's all right ⊕ with me.
僕は構わないよ。

忘年会の幹事から忘年会の予定日が変更になったと聞かされました。「その日でも大丈夫です」

付け足く 3

It's all right ＋ to leave now.
もう行っていいぞ。

会議は滞りなく終了しました。部下にもう仕事に戻ってもいいかと聞かれて…。

付け足く 4

It's all right ＋ to check out late.
チェックアウトを遅らせても結構です。

ホテルのフロントで働いています。チェックアウトが定刻以降になってもいいか宿泊客に聞かれて、ひとこと。

付け足く 5

It's all right ＋ to wear your shoes inside.
中では靴を履いていても構いません。

クライアントを事務所に招き入れたら、靴を脱ごうとしています。土足厳禁ではないときのひとこと。

付け足く 6

It's all right ＋ to take photos here.
こちらで写真を撮っても結構です。

撮影が許可されている博物館に、シャッターを押すのを戸惑っている人がいます。教えてあげることに…。

061 出発前に掛けることば

Let's go.
さあ行こう。

Let's go. は「さあ行こう」「さあ行くぞ」といったニュアンスのひとことです。また、一緒に出掛ける相手の準備がなかなか終わらないときなどに、イライラした様子で使えば「早く行こう」と相手を急かすひとことにもなります。
Let's… は「〜しよう」「〜しようよ」と、相手に何かを提案するときによく使われるフレーズです。

付け足く 1
Let's go ➕ out.
お出掛けしましょう。

せっかくの休日なのに、彼氏は家でゴロゴロ。お天気もいいので彼を外に連れ出すことに…。　＊go out 出掛ける

付け足く 2
Let's go ➕ fishing.
釣りに行こう。

友人と海へ魚釣りに行くことになりました。そこで別の友人も誘ってみることに。彼に電話してひとこと。

付け足く 3

Let's go ⊕ someplace quiet.
静かなところに行こう。

友人から週末にどこに行こうかと聞かれました。リラックスしたいので、こう返事を。

付け足く 4

Let's go ⊕ home now.
もう帰ろう。

公園で兄と野球の練習をしていたら、日が沈んできました。そろそろ帰ったほうがいいと思い、ひとこと。

付け足く 5

Let's go ⊕ to the next issue.
次の問題に進みましょう。

ミーティングで議長を務めています。問題が1つ解決したので、次へ進もうと思っています。そこで、みんなに…。

付け足く 6

Let's go ⊕ now so we'll be on time.
時間どおりに着けるように、もう行こう。

友人とコンサートに行くところです。もたもたしていると開演時刻になってしまいます。そんなとき、ひとこと。

062 話し合いを持ち掛けることば

Let's talk.
話しましょう。

Let's talk. は日本語だと「ちょっと相談しよう」「話し合いましょう」といったニュアンスで、意見の交換などを持ち掛けるときのひとことです。また、何か心配事を抱えている人に向かってこう言えば、「話してみて」「相談に乗るよ」といったニュアンスの思いやりあふれるひとことにもなります。いくつかバリエーションを見てみましょう。

付け足く 1
Let's talk ✚ about it.
よく話し合おう。

仲直りしたいのに、彼女はいつまでたってもプンプン怒っています。そこで話し合おうと持ち掛けて…。

付け足く 2
Let's talk ✚ it over.
そのことについてじっくり話そうじゃないか。

部下が仕事を辞めたいと言っています。上司として親身になって相談に乗ってあげましょう。

付け足く 3
Let's talk ✚ to her.
彼女に相談してみよう。

隣りの部屋に住んでいる女性は毎日のように友人とどんちゃん騒ぎ。うるさくて眠れません。そこで彼女に相談してみることに。

063 もう残りがないことを伝えることば

That's all.
それで全部です。

That's all. は「それで全部です」「それだけです」といったニュアンスのフレーズで、残りはもうないことを相手に伝えるひとことです。似た表現に That's it. というのがありますが、こちらは「まさにそれだ」「それが問題だ」とズバリ指摘したり、「もうこれまでだ」と何かに終止符を打つときのひとこと。

付け足く 1

That's all ⊕ that happened.
起こったことはそれですべてです。

交通事故を目の前で目撃。警官に事故が起きたときの状況を一通り説明して、ひとこと…。

付け足く 2

That's all ⊕ I need.
必要なものはこれだけよ。

彼氏と食料品の買出しに。買い物リストの品はすべてカゴに入れました。「あとは何を買うの?」と聞かれてひとこと。

付け足く 3

That's all ⊕ there is.
それで全部なのよ。

自宅で夕食会。大好評のチキンはすぐになくなってしまいました。「チキンのおかわりないの?」と聞かれてひとこと。

064 手助けを申し出ることば

What can I do?
何かしましょうか？

What can I do? は相手に手助けを申し出るときのひとことで「何かしましょうか？」「手伝えることはありますか？」といったニュアンスです。例えば、料理を作っている彼女に向かってこう言えば、「手伝うよ」の意に。**You look busy. What can I do?**（忙しそうだね。何か手伝おうか？）といった具合。また、「どうしたらいいの？」という意味でも使えます。

付け足く 1

What can I do ⊕ for you?
いらっしゃいませ。

洋服屋さんでアルバイト。サイズを探しているお客さんに近づいてひとこと。

付け足く 2

What can I do ⊕ about it?
どうしたらいいんだろう？

夜中に突然、歯が痛みだしました。薬もないし、どうすることもできません。友人に電話して相談します。

付け足く
3 What can I do ➕ with my hair?
この髪、いったいどうしたらいいの？

寝起きの髪には無残な寝ぐせが…。時間は迫っています。思わず漏れたひとことは…。

付け足く
4 What can I do ➕ to fix this problem?
この問題を解決するにはどうしたらいいんだ？

パソコンの電源ボタンを押しても、電源が入りません。困ってしまい、ひとこと。

付け足く
5 What can I do ➕ in Idaho?
アイダホで何ができますか？

アイダホに旅行に行くことになりました。どんな観光スポットがあるか誰かに聞いてみることに…。

付け足く
6 What can I do ➕ to help?
どんなことをしてあげられるかな？

同僚が仕事をいろいろと抱えて、困っている様子。何か1つや2つ手伝おうと思っているときのひとこと。

065 感想を求めることば

What do you think?
どう思う?

What do you think? は「あなたはどう思う?」「感想は?」といった意味のフレーズで、相手に簡単な意見や感想を求めるときのひとことです。例えば、**I just bought this jacket. What do you think?**（このジャケット買ったばかりなんだ。どう思う?）といった具合に使います。いくつかバリエーションを見てみましょう。

付け足く 1

What do you think + about it?
あなたはどう思う?

髪をばっさり切ろうかどうかずっと迷っています。一人では決められず、友人にアドバイスを求めて…。

付け足く 2

What do you think + happened?
何が起こったと思う?

福引で1等賞の海外旅行が当たりました。友人に電話して、思わせぶりにひとこと。

付け足く 3

What do you think ⊕ I should do?
私は何をするべきだと思う?

会社から抜擢されてロス支社の会議に出席することになりました。何を準備したらいいの? 友人に尋ねて…。

付け足く 4

What do you think ⊕ the weather will be like tomorrow?
明日の天気はどうなると思う?

明日は家族でバーベキューをしに出掛けます。空を見上げている兄に、ひとこと。

付け足く 5

What do you think ⊕ caused this problem?
この問題の原因は何だと思う?

車のエンジンをかけると、すぐに止まってしまいます。整備士の友人に原因を聞いてみることに…。

付け足く 6

What do you think ⊕ we should have for lunch?
ランチは何にしようか?

今日は家族と過ごしている日曜日。もう昼になりました。何を食べるか聞くときのひとこと。

066 相手の行動の目的を尋ねることば

What do you want?
何が希望なの？

「何か用？」「どうしてほしいの？」「何が希望なの？」といったニュアンスで、わずらわしい相手にちょっとイライラして放つひとことです。少々きついひとことなので、使うときには注意が必要。失礼にならないように普通に要件を尋ねるなら、**What would you like?**（どういたしますか？）の方が適しています。こちらはレストランや店でお客さまに対しても使えます。**What do you want to...?** とすると「あなたは何を〜したいの？」とより具体的に尋ねるフレーズになります。こちらにはイライラした感じはありません。

付け足く 1

What do you want + from me?
私にどうしてほしいの？

落ち込む友人を励まそうと声を掛けているのに、彼女はいつまでもイジイジしています。少しイライラしてひとこと。

付け足く 2

What do you want + to watch?
何を観たい？

友人とのんびりテレビを観ながら一杯。さあ次は何を観ようか？

付け足く 3

What do you want ⊕ to do?
あなたは何がしたいの?

同僚は朝から落ち着きがありません。あっちの仕事に手をつけ、こっちの仕事に手をつけ。そこでひとこと。

付け足く 4

What do you want ⊕ with this thing?
この変なものは何でほしいの?

妻と買い物に出かけると、買い物かごには不要なものが必ず1つは入っています。使い道がわかりません。

付け足く 5

What do you want ⊕ to be?
何になりたい?

息子が毎日のように昆虫図鑑や動物図鑑を読んでいます。そこで、将来の夢を聞くときのひとこと。

付け足く 6

What do you want ⊕ to do about dinner?
晩ご飯、どうする?

友人と買い物を済ませ外に出ると、もう夜です。どこかで食べてから帰りたい。ここでひとこと。

067 名前を尋ねるときのつっけんどんな言い方

Who are you?
誰だ？

Who are you? はちょっと乱暴な言い方で、「お前は誰だ？」「あんたは誰？」といったニュアンスです。名前を尋ねるなら、**May I have your name?**（お名前を伺ってもいいですか？）や **Can I ask your name?**（お名前は？）といった言い方が無難でベスト。また、ノックの音を聞いて「誰ですか？」「どなた？」と言いたいときには、**Who is it?** と言うのが普通です。

付け足く 1
Who are you ⊕ going with?
誰と一緒に行くの？

友人が映画を観に行くらしい。彼氏はいないはずなのに、誰と一緒に行くんだろう？

付け足く 2
Who are you ⊕ talking to?
誰と話してるの？

電話中、友人が電話の向こうで誰かと話しています。気になるので、誰がそこにいるのか聞いてみることに。

付け足く 3
Who are you ⊕ looking for?
誰を探しているの？

社員食堂で同僚がキョロキョロと辺りを見回しています。誰を探しているのかな？　そこで聞いてみることに…。

068 難しい質問をかわすことば

Who knows?
さあどうだかね。

Who knows? は直訳すると「誰が知っているものか？」。転じて「さあね」「そんなことは誰にもわからないよ」「知らないよ」といったニュアンスになります。Who knows what...? とすると「～は誰にもわからない」という意味になります。バリエーションを見てみましょう。

付け足く 1

Who knows ✚ what will happen?
先のことなんて誰にもわからないさ。

10年後の自分はどうなっていると思うか質問されました。このご時世じゃ、先のことなんてわからないよ…。

付け足く 2

Who knows ✚ what he's thinking?
彼が何を考えているのかさっぱりわからないよ。

一流企業に勤めていた友人が、突然会社を辞めて占い師になっちゃった！ 何を考えているのやら…。

付け足く 3

Who knows ✚ where my book is?
僕の本どこにあるか誰か知らない？

読みかけの本がどこかにいってしまいました。誰か見なかったか聞いてみましょう。

069 相手に何かを勧めることば

Why don't you?
そうすれば？

Why don't you? は「そうすれば？」「そうした方がいいよ」といったニュアンスで、相手に何かを勧めるときに使われることばです。**Why don't you...?** とすれば「～したらいいんじゃない？」「～してみたら？」と提案するフレーズになります。また、「どうして～じゃないの？」という意味でも使えます。

付け足く 1

Why don't you ⊕ join a gym?
ジムにでも入会すれば？

明らかに運動不足の立派なビール腹をした同僚を見て、思わずひとこと。

付け足く 2

Why don't you ⊕ just try?
とにかくやってみなさいよ。

失敗を恐れて何事にも消極的な友人にひとこと…。とにかく、だめもとでやってみなよ！

付け足く 3

Why don't you ➕ like him?
どうして彼のことが嫌いなの?

いつも喧嘩ばかりしているクラスメイトの男の子二人。仲良くなってほしくて、どうして嫌いなのか聞いてみることに…。

付け足く 4

Why don't you ➕ give it a try?
試しにやってみたらどう?

運動不足の友人がジムに通おうか迷っています。悩んでいる時間があるなら、やってみたほうがいいと思って、ひとこと。

付け足く 5

Why don't you ➕ just talk to him?
彼と話してみてはどうかな?

クラスメートのジョンがどんな人か友人に聞かれましたが、彼と話してみることを勧めることに…。

付け足く 6

Why don't you ➕ have dinner with us?
うちで晩ご飯を食べない?

家族との晩ご飯の前、友人が訪ねてきました。まだ晩ご飯を済ませていないことを知って、ひとこと。

070 やり方を尋ねることば

How can I?
どうやって？

How can I? は「どうやって？」「どうやってやればいいの？」のニュアンスで、とてもできそうもないようなことを頼まれたときなどに、思わず口をついて出るひとことです。「無理だよ」「できっこない」のような意味合いも含んでいます。**I want you to translate this into French.**（これをフランス語に翻訳して）**How can I?**（そんなの無理ですよ）といった具合に使います。

付け足く 1

How can I + help you?
何か手伝えることある？

友人宅の夕食に招かれました。何か手伝えることはないか聞いてみます。

付け足く 2

How can I + get there?
どうやって行ったらいいの？

友人と街で待ち合わせ。でも待ち合わせ場所の行き方がわかりません。どうやって行くのか聞いてみます。

付け足く 3

How can I ⊕ ever thank you?
何とお礼したらよいのやら。

友人の口添えのお陰で大きな仕事が舞い込んできました。その友人に心から感謝してひとこと。

付け足く 4

How can I ⊕ cancel my order?
注文のキャンセルはどうすればできますか?

ネットで注文したばかりのジャケットがデパートで安く売られていました。注文を取り消すことにしました。

付け足く 5

How can I ⊕ make reservations for the show?
どうやってショーの予約を入れたらいいの?

有名なマジシャンのショーに行こうと友人から誘いがあり、代わりにチケットの予約を入れることになりました。でも、どうやって?

付け足く 6

How can I ⊕ make the tempura crispy?
どうすれば天ぷらをカラッとできるの?

天ぷらを揚げると、必ずベチャベチャに。一方、母が揚げると、おいしそうにカラッと。一体、どうやって?

071 なぜ知っているのか尋ねることば

How do you know?
どうして知ってるの？

How do you know? は「どうして知っているの？」「どうしてわかるの？」といったニュアンスです。相手の発言を耳にして「どうしてそんなことがわかるのだろう？」と疑問に思って説明を求めるときなどに使います。例えば、**It's going to snow tomorrow.**（明日、雪が降るよ）**How do you know?**（どうしてわかるの？）といった具合。

付け足く 1
How do you know + that?
どうしてそんなことわかるの？

友人がもうすぐ景気は良くなると言っています。何を根拠にそんなことが言えるのだろう？

付け足く 2
How do you know + her?
どうして彼女を知ってるの？

友人に共通の知り合いがいることがわかってびっくり。どうして彼女を知っているんだろう？

付け足く 3
How do you know + you're right?
どうして自分が正しいってわかるの？

自分は誰よりも正しいと思い上がっている友人。今日こそはひとこと言ってやることに…。

072 難しい質問をかわすことば

Nobody knows.
さあどうでしょう。

Nobody knows. は「誰も知りません」「さあどうだかね」といったニュアンスで使われています。**No one knows.** と言っても意味は同じです。似た表現に **Who knows?** というのがあります。こちらも「それは誰もわからない」「さあどうだか」といったニュアンス。どちらもよく使われるフレーズなので、覚えておきましょう。

付け足く 1

Nobody knows ⊕ what's going on.
どうなっているのか誰もわからないそうです。

突然の停電。コンピュータも止まってあたふたする上司に原因を尋ねられましたが、誰もわかりません。　＊go on 起こる

付け足く 2

Nobody knows ⊕ his name.
誰も彼の名前を知らないの。

キャンパスでときどき見かける憧れの人。友人に彼の名前を聞いたけど、誰も彼の名前は知らないの…。

付け足く 3

Nobody knows ⊕ him better than me.
私ほど彼のことを知っている人はいないわ。

私の元彼に、友人が熱を上げています。でも彼はだらしがなくて最悪。忠告しても耳を貸そうとしない彼女に思わずひとこと。

073 当然だと思うことを伝えることば

No wonder.
当たり前よ。

wonder には「驚くべきもの」「不思議なこと」という意味があります。**No wonder.** は「当たり前よ」という意味のひとことです。例えば、**This store is closed.**（この店、閉まってるよ）と言われ、**No wonder. Today is the New Year's Day.**（当然よ。今日は元日だから）といった具合に使います。**No wonder...** とすれば、「〜は不思議ではない」「どうりで〜だ」という意味のフレーズです。理由がわからなかったことが、「だからか」とわかったときに使えます。バリエーションをいくつか見てみましょう。

付け足く 1

No wonder ✚ it's so hot today.
どうりで、今日はとても暑いんだね。

昨日まではそんなに暑くなかったのに、今日は暑い。今日梅雨が明けたことを知りました。そこで、ひとこと。

付け足く 2

No wonder ✚ he's tired.
彼が疲れているのも無理はないよ。

作家の友人がヘロヘロになっています。原稿を仕上げるために徹夜したことを知って、ひとこと。

付け足く 3

No wonder ✚ she's always late.
彼女がいつも遅刻するのも無理はない。

いつも遅刻してばかりの同僚がいます。朝3時過ぎまでテレビを観ていると聞きました。ここで、ひとこと。

付け足く 4

No wonder ✚ this tastes so good.
どうりで、これはとてもおいしいんだね。

普通のピザのようですが、非常においしい。イタリアで修業を積んだシェフが作ったものだと知り、ひとこと。

付け足く 5

No wonder ✚ this bag is so expensive.
どうりで、このバッグはこんなに高いんだね。

バッグ店に入り、あるバッグの値札を見ると、何と50万円。高級ブランドのものだとわかり、ひとこと。

付け足く 6

No wonder ✚ he studies so hard.
どうりで、彼はそんなに熱心に勉強するんだね。

勉強に一生懸命な友人がいます。将来の夢が医者か弁護士になることだと聞いて、ひとこと。

074 相手に許可を求めることば

Do you mind?
いいですか？

Do you mind? は「いいですか？」と相手に許可を求めるときのひとことです。また、「ちょっとやめてくれる？」のニュアンスにもなり、こちらは相手のわずらわしい行動にイライラした場合などに使われます。**Do you mind...?** は直訳すると「～したら嫌ですか？」となるため、このように尋ねられた場合、OK なら **No, I don't.**（いいえ、嫌じゃありませんよ）と答え、OK じゃないなら **Yes, I do.**（はい、嫌です）と答えなければならないので注意しましょう。

付け足く 1

Do you mind + helping me?
助けてくれない？

明日までに提出のレポートにてこずっています。そこで、同僚に手伝ってもらうことに…。

付け足く 2

Do you mind + if I turn off the light?
電気を消していい？

昼なのに部屋の電気がつけっぱなしになっています。もったいないので消すことに…。

付け足く 3

Do you mind ✚ opening the door?
悪いけどドアを開けてくれる?

両手に荷物を抱えていてドアが開けられません。友人にドアを開けてもらいます。

付け足く 4

Do you mind ✚ if I move to another seat?
ほかの席に移ってはダメですか?

飛行機でゆったりと読書しようとしたら、隣の人からグーグーといびきが聞こえ、落ち着けません。そこで、乗務員にお願い。

付け足く 5

Do you mind ✚ if I get another drink?
もう一杯飲んでもいいかな?

一日の仕事を終え、居酒屋で同僚らと飲み会。遅い時間になり、終電の時刻が迫っているが、あと一杯飲みたい。

付け足く 6

Do you mind ✚ moving over just a little?
ちょっと詰めてくれる?

リビングのソファーに座ろうと思ったけれど、兄がちょうど真ん中にどっしりと座っています。そんな兄にひとこと。

075 失礼にならないように掛けることば

Excuse me.
失礼します。

Excuse me. はさまざまな場面で使えるお役立ち表現です。ミーティング中に席を立つときに使えば「失礼します」、人とぶつかったときに使えば「ごめんなさい」に、人を呼び止めるときは「ちょっとすみません」の意に。**Excuse me?** と語尾を上げれば、「今、何とおっしゃいました？」と聞き返すひとことにもなります。

付け足く 1
Excuse me ⊕ for just a moment.
ちょっと失礼します。

クライアントとの打ち合わせの最中に携帯電話が鳴りました。失礼にならないように、ひと声掛けてから電話にでます。

付け足く 2
Excuse me ⊕ while I make a call.
電話するのでちょっと失礼。

パーティーの最中、彼女に帰るコールしておくことに。ひと声掛けてからテーブルを離れます。

付け足く 3
Excuse me ⊕ sir. /ma'am.
ちょっとすみません。

前を歩く人のバッグからハンカチが落ちました。渡してあげようと、呼びとめてひとこと。　＊sir は男性、ma'am は女性に対して。

076 相手を急かすことば

Come on.
さあ行こう。

Come on. は「さあ行こう」、「急いで」といったニュアンス。ただし、**on** を強く発音して言うと意味はガラリと変わり「お願いだから」と懇願したり、「いい加減にしろよ」と相手を非難するひとことになります。「元気を出せ」「頑張れ」と相手を激励するときにも使えます。

付け足く 1

Come on ⊕ over.

うちに遊びにおいでよ。

友人と街でばったり。いろいろと相談したいこともあるので、家に来ないか誘ってみることに…。　＊over（話し手の）家に

付け足く 2

Come on ⊕ by.

うちに寄ってくださいね。

遠くの町に住む友人から電話が。今度近くに出張で来るらしい。そこで、訪ねて来るように伝えます。　＊by 人の家に［へ］

付け足く 3

Come on ⊕ in.

どうぞ入って。

ドアをノックする音がしました。見ると、友人がドアの外に立っています。ドアを開けてひとこと。

145

INDEX

シチュエーションごとに分類しているので、使いたいフレーズを素早く見つけられます！

あいさつ

元気?	How are you doing?	026
お誕生日おめでとう。	I wish you a happy birthday.	047
友達を紹介します。	I'd like to introduce you to my friend.	053
また明日。	I'll see you tomorrow.	055
じゃあそのときにね。	I'll see you then.	055
あいにく出掛けておりますが。	I'm afraid he's not here.	057
バイバイ。	Take it easy.	073
いろいろとお世話になりました。	Thanks for all your help.	076
結構でしたのに。	You shouldn't have.	089
わざわざいいわよ。	Please don't trouble yourself.	109
今日は本当に暑いですね。	It sure is hot today.	118
ちょっと失礼します。	Excuse me for just a moment.	144
電話するのでちょっと失礼。	Excuse me while I make a call.	144
ちょっとすみません。	Excuse me sir. / ma'am.	144

会話を促す

知っていることを話して。	Tell me what you know.	074
詳しく教えて。	Tell me all about it.	074
どう思うか話して。	Tell me what you think.	075
何があったのよ。	Tell me what happened.	075
すべて話すよ。	I'll tell you all about it.	107
じゃあこうしよう。	I'll tell you what.	107
何が起こったと思う?	What do you think happened?	128

言い訳

我慢しきれなかったんだよ。	I couldn't help it.	033
間に合いませんでした。	I couldn't finish on time.	033
ブリーフケースを忘れちゃった。	I forgot my briefcase.	096
完全に忘れてました。	I forgot all about it.	096
彼女に言うのを忘れちゃった。	I forgot to tell her.	097
目覚ましのセットを忘れた。	I forgot to set my alarm clock.	097
お金を下すのを忘れたんだ。	I forgot to withdraw money.	097
君に言い忘れていたよ。	I forgot to warn you.	097

お願い

日本語	English	ページ
ちょっと手伝ってくれる?	Can you give me some help?	018
ちょっと見てくれる?	Can you have a look?	019
ちょっと考えておいてくれる?	Can you think about it?	019
ちょっと頼んでいい?	Can you do me a favor?	019
とりあえずやってみてもらえる?	Could you give it a try?	020
ドアを開けてもらえる?	Could you open the door, please?	020
調べてくれる?	Could you check?	021
これを頼める?	Could you take care of this?	021
私の代わりに彼に聞いてくれる?	Could you ask him for me?	021
もう1回してくれる?	Could you do it again?	021
消さないで。	Keep it on.	068
静かにして。	Keep it quiet.	069
テーブルに置かないで。	Keep it off the table.	069
私にやらせてみてください。	Let me have a try.	070
触らせて。	Let me touch it.	070
ちょっと考えさせて。	Let me think about it.	071
ちょっと休ませてよ。	Let me get some rest.	071
ちょっと聞きたいんだけど。	Let me ask you a question.	071
取り上げて。	Take it away.	072
家に持って帰ってよ。	Take it home with you.	072
修理屋さんに持っていって。	Take it to the repair shop.	073
外に持っていって。	Take it outside.	073
どうやるのか教えて。	Tell me how to do it.	075
少し手伝ってもらえるかな?	Would you give me some help?	082
引越しを手伝ってもらえる?	Would you help me move?	082
お願いがあるんだけど?	Would you do me a favor?	083
静かにしてほしいんですけど。	I'd like you to be quiet.	106
君に考えておいてほしいんだ。	I'd like you to think about it.	106
一緒に来てほしいんだ。	I'd like you to come along.	106
お願いだからそんなことはしないで。	Please don't do it.	109
助けてくれない?	Do you mind helping me?	142
悪いけどドアを開けてくれる?	Do you mind opening the door?	143
もう一杯飲んでもいいかな?	Do you mind if I get another drink?	143
ちょっと詰めてくれる?	Do you mind moving over just a little?	143

お店で

日本語	English	ページ
何名様ですか?	How many in your party?	028

他にはどんなのがあるの？	What else do you have?	078
いらっしゃいませ。	What can I do for you?	126

思い出

子供の頃のことを思い出すよ。	I remember when I was a kid.	043
昨日のことのように覚えてるよ。	I remember it like it was yesterday.	043
前は役者でした。	I used to be an actor.	094
前はドイツ語が話せた。	I used to be able to speak German.	094
前は仕事を3つしてたよ。	I used to have three jobs.	095
前はよく飲んでたよ。	I used to drink a lot.	095
前にバレエをやってました。	I used to do ballet.	095
年に1回はアメリカに行ってたよ。	I used to go to America once a year.	095

思わずひとこと

うらやましいな。	I wish I were you.	047
いくらくらいするのかな。	I wonder how much it costs.	049
本当じゃないって言ってよ。	Tell me it isn't true.	075
あなた、私より知っているじゃない。	You know more than I do.	086
やるしかないんだ。	I have to do it.	098
今、決断しなきゃいけない。	I have to make a decision now.	099
すべてやってみたよ。	I tried everything.	101
試しにやってみたらどう？	Why don't you give it a try?	135
彼と話してみてはどうかな？	Why don't you just talk to him?	135

確認

これでいいかな？	Are you all right with this?	010
月曜は大丈夫？	Are you all right on Monday?	010
やるの、やらないの？	Are you interested or not?	013
明日は来られる？	Can you come tomorrow?	018
彼の名前を覚えてる？	Do you remember his name?	024
いくらだったか覚えてる？	Do you remember how much it was?	025
マジで言ってるわけじゃないわよね。	I hope you're not serious.	037
行けるか確認してみるよ。	I'll see if I can go.	054
私の言っていること、わかるでしょう。	You know what I mean.	087
このファイルは放っておいてもいいから。	Don't bother with these files.	091
彼女には間違いなく話したわよ。	I'm sure I told her.	112

彼女は確かにうんと言っていたよ。	I'm sure she said yes.	113
間違いなく、ここは日本一のレストランだよ。	I'm sure this is the best restaurant in Japan.	113
起こったことはそれですべてです。	That's all that happened.	125
必要なものはこれだけよ。	That's all I need.	125

感謝

お礼を言わせてください。	I'd like to thank you.	052
どうもありがとう。	Thanks so much.	076
命を救ってくれてどうもありがとう。	Thanks for saving my life.	077
それでもありがとう。	Thanks anyway.	077
あなたのお陰で、何もかも素晴らしかったわ。	Thanks to you, everything was great.	077
これで十分満足です。(これ以上何を望めというの?)	What else could I ask for?	079
何とお礼したらよいのやら。	How can I ever thank you?	137

気遣い

一人で大丈夫?	Are you all right alone?	011
ここでやっていけそう?	Are you all right here?	011
怪我しないように気をつけて。	Be careful not to hurt yourself.	014
何か手伝えることない?	Can I do anything?	017
気分はどう?	How are you feeling?	027
彼女とはうまくいってるの?	How are you with her?	027
彼女が大丈夫だといいのですが。	I hope she's okay.	037
気に入ってもらえるといいのですが。	I hope you like it.	037
それはかわいそうに。	I'm sorry to hear that.	062
ネコちゃんのこと残念だったね。	I'm sorry about your cat.	063
構いませんか?	Would you mind?	083
できることがあったらいつでも言って。	You can ask me for help anytime.	085
僕はオーケーだよ。	It's okay with me.	108
あとで払ってくれればいいよ。	It's okay to pay later.	108
そんな心配はしないで。	Please don't worry about it.	109
チェックアウトを遅らせても結構です。	It's all right to check out late.	121
どんなことをしてあげられるかな?	What can I do to help?	127
何か手伝えることある?	How can I help you?	136

希望

そうだといいんだけど。	I hope so.	036
そうならなければいいけど。	I hope not.	036
行けたらいいけどな。	I wish I could.	046
本当にそうならいいんだけどね。	I wish that were true.	046
新しい車が欲しいです。	I wish for a new car.	047
ロンドンに行きたいです。	I'd like to go to London.	052
体重を減らしたいんです。	I'm trying to lose weight.	065
もう帰りたいよ。	I want to go home.	104
結婚したい。	I want to get married.	104
パイロットになりたい。	I want to be a pilot.	105
海で泳ぎたいなあ。	I want to swim in the ocean.	105
あの新しいレストランに行ってみたい。	I want to try that new restaurant.	105
彼女とトラブルになるのは避けたい。	I want to avoid any problems with her.	105

許可を求める

手伝っていい?	Can I help you?	016
やってみていい?	Can I try?	016
今日は早く帰っていい?	Can I leave early?	017
ちょっともらっていい?	Can I have some?	017
最初にやっていい?	Can I be first?	017
電気を消していい?	Do you mind if I turn off the light?	142
ほかの席に移ってはダメですか?	Do you mind if I move to another seat?	143

恋人と

私たちが初めて会った日のこと覚えてる?	Do you remember when we first met?	024
またすぐに会いたいです。	I hope to see you soon.	037
君は僕にはうってつけの人だよ。	You're right for me.	103
君のことばかり考えてるよ。	I'm thinking about you.	114

後悔

もっと上手くできていたはずなのに。	I could have done better.	032
残っていればよかったな。	I should have stayed.	044
何かひとこと言えばよかった。	I should have said something.	044

本当のことを言えばよかった。	I should have told the truth.	045
あんなことするんじゃなかった。	I shouldn't have done that.	045
嘘なんてつくんじゃなかったよ。	I shouldn't have lied.	045
仕事を辞めるんじゃなかったよ。	I shouldn't have quit my job.	045

断る

自分でやってくれる?	Can you do this on your own?	019
100万ドルもらってもお断りよ。	I wouldn't do that for a million dollars.	051
あいにく行けないんです。	I'm afraid I can't go.	057
悪いけど結婚してるんだ。	I'm sorry, but I'm married.	063
仕事してるんだから邪魔しないで!	I'm trying to work!	064
ありがとう。でも結構です。	Thanks, but no thanks.	077
部屋の掃除はしなくて結構ですから。	Don't bother to clean my room.	091

断る

行きたい?	Are you interested in going?	012
私たちと一緒に来ない?	Are you interested in joining us?	013
よかったら相談に乗るわよ。	I could give you some advice.	033
まあ食べてみてよ。	Just try it.	067
とにかく着てみてよ。	Just try it on.	067
デザートはいかが?	Would you care for dessert?	083
来たい?	Would you like to come?	083
お出掛けしましょう。	Let's go out.	122
釣りに行こう。	Let's go fishing.	122
もう帰ろう。	Let's go home now.	123
時間どおりに着けるように、もう行こう。	Let's go now so we'll be on time.	123
ランチは何にしようか?	What do you think we should have for lunch?	129
晩ご飯、どうする?	What do you want to do about dinner?	131
うちで晩ご飯を食べない?	Why don't you have dinner with us?	135
うちに遊びにおいでよ。	Come on over.	145
うちに寄ってくださいね。	Come on by.	145
どうぞ入って。	Come on in.	145

知ってる・わかる

彼なら知ってるわ。	I know him.	038
やり方知ってるよ。	I know how.	039
行き方はわかります。	I know the way.	039
あなたの考えていることはわかるわ。	I know what you're thinking.	039
あなたのことは覚えていますよ。	I remember you.	042
すべて覚えていますよ。	I remember everything.	042
彼とは会ったことがあるわ。	I remember meeting him.	043
私ほど彼のことを知っている人はいないわ。	Nobody knows him better than me.	139

知らない・わからない

彼のことは知らないわ。	I don't know him.	034
まだわかりません。	I don't know yet.	034
何が起こったのかわかりません。	I don't know what happened.	035
それについては何もわかりません。	I don't know anything about it.	035
どうなっているのかさっぱりわからないよ。	I don't know what's going on.	035
どこで曲がればいいのかわからないよ。	I don't know where to turn.	035
何も覚えていないよ。	I remember nothing.	043
どうすればいいのかな。	I wonder how.	048
先のことなんて誰にもわからないさ。	Who knows what will happen?	133
彼が何を考えているのかさっぱりわからないよ。	Who knows what he's thinking?	133
どうなっているのか誰にもわからないそうです。	Nobody knows what's going on.	139
誰も彼の名前を知らないの。	Nobody knows his name.	139

謝罪

お詫びさせてください。	I'd like to apologize.	053
遅れてごめんなさい。	I'm sorry for being late.	062
心から謝罪します。	I'm sorry from the bottom of my heart.	063
あんなこと言ってごめんね。	I'm sorry I said that.	063

趣味・関心

日本語	English	Page
ロッククライミングに興味あるの?	Are you interested in rock climbing?	012
政治に関心があるの?	Are you interested in politics?	013
彼に興味があるの?	Are you interested in him?	013

尋ねる／いくつ?

日本語	English	Page
いくつにしますか?	How many would you like?	028
いくつあるの?	How many are there?	029
いくついるの?	How many do you need?	029

尋ねる／意見を求める

日本語	English	Page
あなたはどう思う?	What do you think about it?	128
明日の天気はどうなると思う?	What do you think the weather will be like tomorrow?	129
この問題の原因は何だと思う?	What do you think caused this problem?	129

尋ねる／いつ?

日本語	English	Page
いつか知ってる?	Do you know when?	023

尋ねる／誰?

日本語	English	Page
誰がやったか知ってる?	Do you know who did it?	023
誰だったか覚えてる?	Do you remember who?	025
誰と一緒に行くの?	Who are you going with?	132
誰と話してるの?	Who are you talking to?	132
誰を探しているの?	Who are you looking for?	132

尋ねる／調子

日本語	English	Page
彼女とはうまくいってるの?	Are you all right with her?	011
(体調は)回復しましたか?	Are you all right now?	011

尋ねる／程度

日本語	English	Page
時間わかりますか?	Do you know what time it is?	022
ここには何年住んでますか?	How many years have you lived here?	029
日本には何回行きましたか?	How many times have you been to Japan?	029

尋ねる／どうして？

彼がどうして怒ってるのかわかる？	Do you know why he is mad?	023
どうしてそんなに確信してるの？	How are you so sure?	027
どうしてだろう。	I wonder why.	048
理由を教えてください。	I'd like to know why.	053
私はどこが悪いの？	What's wrong with me?	080
私のコンピュータどこが悪いのかしら？	What's wrong with my computer?	081
車どうしちゃったの？	What's wrong with your car?	081
どうして彼のことが嫌いなの？	Why don't you like him?	135
どうしてそんなことわかるの？	How do you know that?	138
どうして彼女を知ってるの？	How do you know her?	138
どうして自分が正しいってわかるの？	How do you know you're right?	138

尋ねる／どこに？

財布がどこにあるか知ってる？	Do you know where my wallet is?	022
どこに置いたか覚えてる？	Do you remember where you put it?	025
僕の本どこにあるか誰か知らない？	Who knows where my book is?	133

尋ねる／どうやって？

どうやるか知ってる？	Do you know how to do this?	023
何で行くつもりですか？	How are you going to go?	026
どうやるつもりなの？	How are you going to do it?	027
どうなっているのかな。	I wonder what's going on.	049
そこにはどうやって行くのかな。	I wonder how I'm going to get there.	049
どうしたらいいんだろう？	What can I do about it?	126
この問題を解決するにはどうしたらいいんだ？	What can I do to fix this problem?	127
どうやって行ったらいいの？	How can I get there?	136
注文のキャンセルはどうすればできますか？	How can I cancel my order?	137
どうやってショーの予約を入れたらいいの？	How can I make reservations for the show?	137
どうすれば天ぷらをカラッとできるの？	How can I make the tempura crispy?	137

尋ねる／何て？・何が？

| 彼女は、何て言ってた？ | Do you remember what she said? | 025 |

他には何があった？	What else happened?	078
彼女、他には何て言ってた？	What else did she say?	079
今夜はあとどんな番組があるの？	What else is on tonight?	079
私は何をするべきだと思う？	What do you think I should do?	129
私にどうしてほしいの？	What do you want from me?	130
何を観たい？	What do you want to watch?	130
あなたは何がしたいの？	What do you want to do?	131
この変なものは何でほしいの？	What do you want with this thing?	131
何になりたい？	What do you want to be?	131

注意

彼には何も言わないように。	Be careful not to tell him anything.	014
転ばないように気をつけて。	Be careful not to fall.	015
電気を消すようにしてね。	Be careful to turn off the light.	015
戸締まりを忘れないように。	Be careful to lock up.	015
彼には気をつけて。	Be careful with him.	015
彼を責めちゃいけないわ。	You can't blame him.	085
いじらないで。	Don't bother it.	091

同意

想像つくわ！	I can imagine!	030
まったくだね。	You know it.	087
あなたの意見に賛成よ。	I agree with you.	102
あなたの提案に賛成よ。	I agree with your suggestion.	102
行くのに同意するよ。	I agree to go.	102
どうりで、今日はとても暑いんだね。	No wonder it's so hot today.	140
彼が疲れているのも無理はないよ。	No wonder he's tired.	140
彼女がいつも遅刻するのも無理はない。	No wonder she's always late.	141
どうりで、これはとてもおいしいんだね。	No wonder this tastes so good.	141
どうりで、このバッグはこんなに高いんだね。	No wonder this bag is so expensive.	141
どうりで、彼はそんなに熱心に勉強するんだね。	No wonder he studies so hard.	141

念押し

絶対だよ。	I know for sure.	039
何があっても絶対に行くよ。	I wouldn't miss it for the world.	051

責任を持ちます。	I'll see to it.	055
秘密にしてね。	Keep it a secret.	068
心に留めておくように。	Keep it in mind.	069

励まし

頑張ってね!	I wish you good luck!	047
とにかくだめもとでやってみなよ。	Just try your best.	066
とにかく彼女と話す努力をしないと。	Just try talking to her.	066
とにかくエンジョイすればいいよ。	Just try to have a good time.	067
君ならできるさ!	You can do it!	084
何だってできるわよ。	You can do anything.	084
あきらめるなんてダメよ。	You can't give up.	085
やってみるべきよ。	You should give it a try.	088
そんなに心配することないわよ。	You shouldn't worry so much.	089
泣いてもいいんだよ。	It's okay to cry.	108
どんとこい。	I'm ready for anything.	111
きっと大丈夫だよ。	I'm sure it's okay.	112
きっと君は成功するよ。	I'm sure you'll succeed.	113
彼はきっと合格するよ。	I'm sure he'll pass.	113
とにかくやってみなさいよ。	Why don't you just try?	134

非難

そんなことわかってるよ。	I know that.	038
私だったらそこには置かないわ。	I wouldn't put it there.	050
手伝ってあげようとしてるのに。	I'm trying to help.	065
あなた、いったいどうしちゃったの?	What's wrong with you?	080
釣りに行って何が悪いのさ?	What's wrong with going fishing?	081
もっと一生懸命やるべきよ。	You should try harder.	088
それは言うべきじゃないわ。	You shouldn't say that.	089
邪魔しないで。	Don't bother me.	090
彼の邪魔しないで。	Don't bother him.	090
助けてあげようとしたのに。	I tried to help you.	101
あなたにはうんざりだわ。	I'm tired of you.	116
もう待ちくたびれたわ。	I'm tired of waiting.	117
彼女の愚痴は聞き飽きた。	I'm tired of hearing her complain.	117
日々の生活にうんざりだ。	I'm tired of my daily life.	117
本当にめちゃくちゃね。	It sure is a mess.	118

不安

太っちゃうのが怖いの。	I'm afraid of getting fat.	056
彼女に電話するのが怖いよ。	I'm afraid to call her.	057
どうなってしまうのか怖いよ。	I'm afraid what might happen.	057
もう頭が変になっちゃうよ。	I'm going crazy.	061

返事／肯定的

私ならできますよ。	I can do that.	031
一人でできます。	I can do it by myself.	031
私なら大丈夫ですよ。	I can handle it.	031
そうしようと思えばできるんだけどね。	I could if I wanted to.	032
面白いかもしれないな。	I might be interested.	040
行かなくちゃならないかも。	I might have to go.	040
やってみるべきかもしれないな。	I might have to give it a try.	041
ちょっと調べてみます。	I'll see about it.	054
そう言わざるを得ません。	I have to say so.	099
なるほど、わかった。	I see now.	100
おっしゃりたいことはわかりました。	I see what you mean.	100
精一杯やりました。	I tried my best.	101
今回はあなたが正しいわ。	You're right this time.	103
できるだけ早く教えるよ。	I'll tell you as soon as possible.	107
もう大丈夫ですよ。	It's all right now.	120
僕は構わないよ。	It's all right with me.	120
中では靴を履いていても構いません。	It's all right to wear your shoes inside.	121
こちらで写真を撮っても結構です。	It's all right to take photos here.	121

返事／どっちつかず

行くかもしれないし、行かないかもしれない。	I might and I might not.	041
考えておくよ。	I might think about it.	041
それは本当なんだろうか。	I wonder if that's true.	049
考えているところです。	I'm thinking about it.	115

返事／否定的

嫌いかもしれない。	I might not like it.	041
私だったらそんなことしないわ。	I wouldn't do that if I were you.	050
それは期待できないだろう。	I wouldn't bet on it.	051

157

しても無駄だよ。	I wouldn't even try.	051
だめもとでやってるんだ。	I'm trying my luck.	065
今ごろ何言ってるの?	What else is new?	079
それの何が悪いのさ?	What's wrong with it?	081
私がそんな人間じゃないってことぐらい知ってるでしょ。	You know me better than that.	087
彼はどうせだめだよ。	Don't bother with him.	091
今夜は疲れたよ。	I'm tired tonight.	116
読むのが嫌になった。	I'm tired of reading.	117
期待はずれだな。	It sure isn't what I expected.	118

申し出

僕が手伝うよ。	I can help you.	030
私が見送りに行きますよ。	I'll see him off.	055
ベストは尽くしているつもりです。	I'm trying my best.	064
ほら、手伝うよ。	Let me help you.	071
引越しを考えてるんです。	I'm thinking about moving.	114
静かなところに行こう。	Let's go someplace quiet.	123
次の問題に進みましょう。	Let's go to the next issue.	123
よく話し合おう。	Let's talk about it.	124
そのことについてじっくり話そうじゃないか。	Let's talk it over.	124
彼女に相談してみよう。	Let's talk to her.	124

呼びかけ

もう出掛けるよ。	I'm going now.	061
出発する準備ができたよ。	I'm ready to go.	110
君さえよければ出発できるよ。	I'm ready if you are.	110
もう冬支度はできているよ。	I'm ready for winter now.	111
休暇の準備は済んでるよ。	I'm ready for my vacation.	111
マラソンに向けて調整できているよ。	I'm ready for the marathon.	111
もう行っていいぞ。	It's all right to leave now.	121

よろこび

お会いできてうれしいです。	I'm glad to see you.	058
来てくれてうれしいです。	I'm glad you came.	058
今日は雨にならなくてよかったです。	I'm glad it didn't rain today.	059

生きててよかった。	I'm glad I'm still alive.	059
誘ってくれてうれしいです。	I'm glad you invited me.	059
うまくいってよかった。	I'm glad it turned out well.	059
最高の知らせだよ。	It's great news.	119
ここに来られて最高です。	It's great to be here.	119
声が聞けて最高にうれしいよ。	It's great to hear from you.	119

その他／ちょっとしたひとこと

僕の方が上手だな。	I can do better.	031
眠れなかったんだ。	I couldn't get to sleep.	033
スパゲッティをいただきます。	I'd like to have some spaghetti.	053
ヘビがだめなの。	I'm afraid of snakes.	056
家に帰ります。	I'm going home.	060
もう辞めるつもりです。	I'm going to quit.	060
トイレに行ってくる。	I'm going to the bathroom.	061
時速50キロで走ってるよ。	I'm going 50 km/h.	061
新車を試し乗りしてるんです。	I'm trying out a new car.	065
試乗してみてよ。	Just try it out.	067
私に近づけないで。	Keep it away from me.	069
決心しなさいよ。	Take it or leave it.	073
値段聞いたらびっくりするわよ。	You can't imagine how much it costs.	085
ジョンってそういうやつなのよ。	You know John.	086
何でも知ってるのね。(皮肉)	You know everything, don't you?	087
絶対見逃せないわよ!	You shouldn't miss it!	089
行かなきゃ。	I have to go.	098
友人の引越しを手伝わなければならないんだ。	I have to help my friend move.	099
今日、東京に発たざるを得ないんだ。	I have to leave for Tokyo today.	099
見えるよ。	I see it.	100
あなたの言ってることは1つ正しいよ。	You're right about one thing.	103
どのくらいかかるか考えているよ。	I'm thinking about how much it will cost.	115
転職しようかと考えている。	I'm thinking about changing jobs.	115
ベジタリアンになろうかと思っています。	I'm thinking of becoming a vegetarian.	115
それで全部なのよ。	That's all there is.	125
この髪、いったいどうしたらいいの?	What can I do with my hair?	127
アイダホで何ができますか?	What can I do in Idaho?	127
ジムにでも入会すれば?	Why don't you join a gym?	134

mini版
英会話の9割は中学英語で通用する

発行日
2012年9月5日　第1版第1刷
2012年11月26日　第1版第10刷

著者	デイビッド・セイン
マンガ・イラスト	中野きゆ美
ブックデザイン	細山田光宣＋木寺 梓
編集協力	齋藤剛士、アマプロ株式会社、中山祐子
編集	柿内尚文／小林英史
発行人	高橋克佳
発行所	株式会社アスコム
	〒105-0002 東京都港区愛宕1-1-11 虎ノ門八束ビル
編集部	編集部　Tel 03-5425-6627
営業部	営業部　Tel 03-5425-6626　Fax 03-5425-6770
印刷	中央精版印刷株式会社

©A TO Z CO.,LTD
Printed in Japan ISBN 978-4-7762-0748-1

本書は、2003年3月に弊社より刊行された
「史上もっとも簡単なトッピング英語術」を改題し、大幅に修正したものです。

本書は著作権上の保護を受けています。
本書の一部あるいは全部について、
株式会社アスコムから文書による許諾を得ずに、
いかなる方法によっても無断で複写することは禁じられています。
落丁本、乱丁本は、
お手数ですが小社営業部までお送りください。
送料小社負担によりお取り替えいたします。
定価はカバーに表示しています。